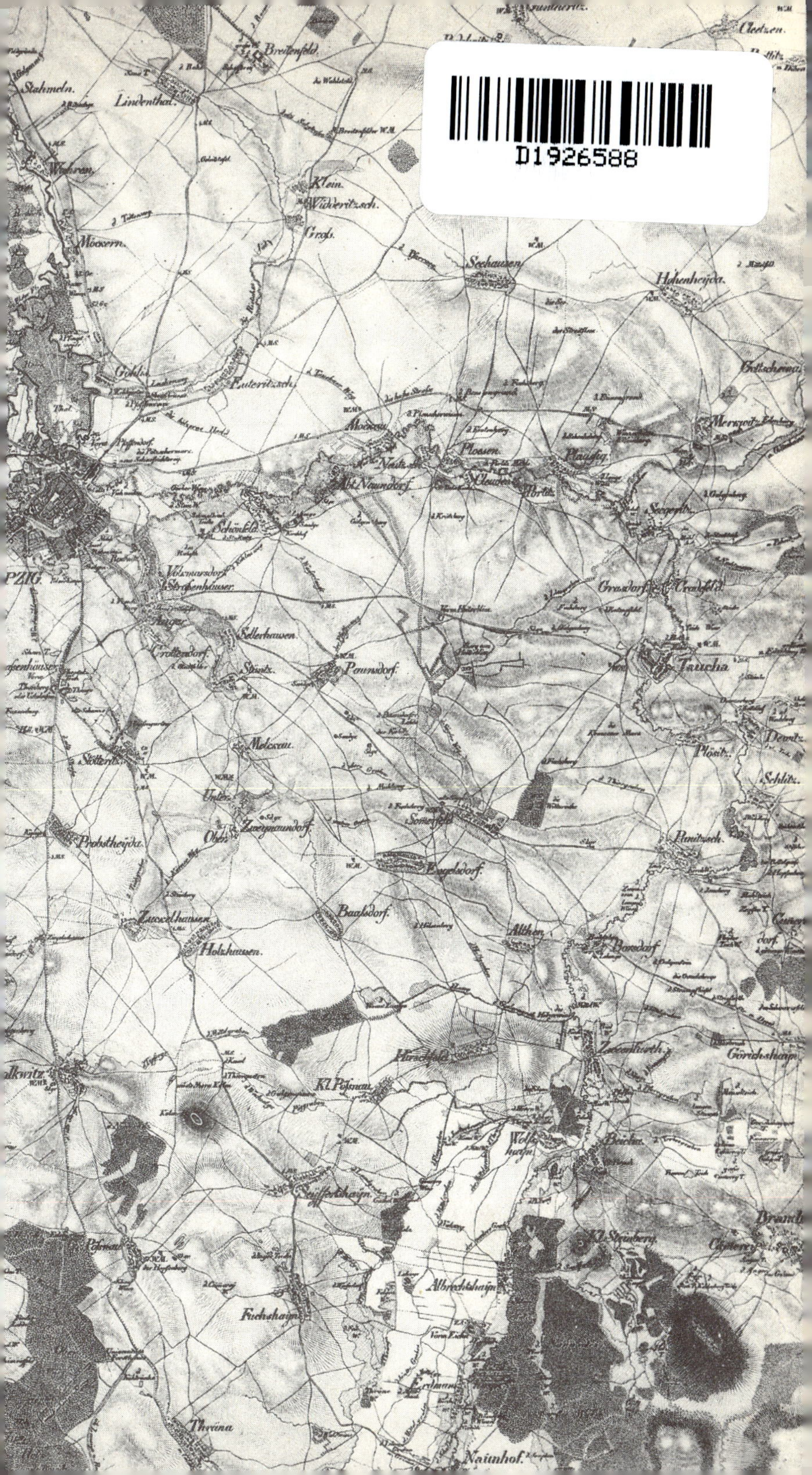
Stahmeln
Lindenthal
Breitenfeld
Wahren
Klein Widderitzsch
Gross
Möckern
Seehausen
Hohenheyda
Gohlis
Euteritzsch
Mockau
Plossen
Neutzsch
Abt Naundorf
Plaussig
Schönfeld
Volkmarsdorf
Seegeritz
Graßdorf
Cradefeld
Anger
Sellerhausen
Crottendorf
Stüntz
Paunsdorf
Taucha
Mölkau
Stötteritz
Probstheyda
Zweynaundorf
Sommerfeld
Engelsdorf
Panitzsch
Baalsdorf
Zuckelhausen
Holzhausen
Althen
Borsdorf
Zweenfurth
Gerichshain
Hirschfeld
Kl. Pössnau
Beucha
Seifertshain
Kl. Steinberg
Albrechtshain
Fuchshain
Threna
Naunhof

DIE VÖLKERSCHLACHT BEI LEIPZIG

DIE VÖLKERSCHLACHT BEI LEIPZIG

in zeitgenössischen Berichten

Zu einem Lesebuch
zusammengestellt und erläutert
von Gerhard Graf

1988

Koehler & Amelang · Leipzig

Meiner geduldigen Familie

ISBN 3-7338-0090-7

VORWORT

Der hier vorgelegte kleine Band beabsichtigt keine zusammenhängende Schilderung des Verlaufs der Leipziger Völkerschlacht. Dazu gibt es gut informierende, dem Interessenten ohne größere Mühe zugängliche Literatur. Was der Band vielmehr möchte, das ist die Wiederaufnahme einer Tradition, die in der Geschichtsschreibung zur Leipziger Schlacht schon lange einen festen Platz hat. Gemeint sind die besonders dann seit 1863 mehrfach veröffentlichten Sammelbände, in denen an der Völkerschlacht Beteiligte von ihren persönlichen Erlebnissen erzählen. Inzwischen eine antiquarische Seltenheit, haben solche »Lesebücher« (so würden wir heute wohl sagen) bis in die Gegenwart ihren bleibenden Wert behalten. Er besteht vor allem darin, daß die dort mitgeteilten vielerlei Details wesentlich zur Veranschaulichung der großen historischen Linien beitragen, ja ihnen erst das rechte Kolorit vermitteln. Eben dieses Anliegen möchte auch unser neues zur Leipziger Schlacht herausgegebenes Lesebuch verfolgen. Die Verlaufsgeschichte dieser gewaltigen Dreitageschlacht ergänzend, soll für unsere Zeit ein Bericht versucht werden, wie Zeitgenossen das große welthistorische Ereignis ihrer Tage erlebten, werteten und innerlich verarbeiteten.

Die Auskünfte, die dazu eingeholt werden sollen, sind bewußt unterschiedlicher Herkunft: So reden zu uns der einfache Soldat (auf verbündeter und auf Napoleonischer Seite), der Freiwillige im preußischen Heer, Berufsoffiziere, Publizisten und Dichter, die besorgte Hausfrau, der Kaufmann, der Pfarrer und nicht zuletzt auch der anonyme Volkswitz. Oder, angewendet auf die Art des Quellenmaterials: Aufgenommen sind Bericht, Brief, Tagebuch, Zeitung, Predigt, Lied, und zu Rate gezogen wurden daneben auch Statistik, Kirchenbuch und Stadtplan. Und selbstverständlich sollen wenigstens einige der bekannten zeitgenössischen Abbildungen und Karikaturen nicht fehlen.

Mit dieser Auswahl des Quellenmaterials ist zugleich auch etwas zum »Programm« unseres Lesebuchs ausgesagt. Sicher ergibt es sich schon aus der Sache selbst, daß der militärhistorische und auch der regionale Bereich einen verhältnismäßig breiten Raum einnehmen werden. Eine nähere Beschäftigung mit der Leipziger Schlacht läßt aber erkennen, daß sich darüber hinaus noch eine ganze Reihe weiterer Gesichtspunkte finden, denen man ebenfalls Beachtung schenken sollte. Das betrifft nicht nur Themen wie die wirtschaftlichen und sozialen Verhältnisse, die Medizingeschichte und den nach wie vor unerschöpften Gesprächsgegenstand »Napoleon«. Sondern es handelt sich auch um Belange, die teilweise, bedingt schon durch den zeitlichen Abstand, unterdessen überhaupt ein wenig außer Blick sind. Hierher gehören bis zu einem gewissen Grade einmal die literaturgeschichtliche Seite der Befreiungskriege und zum anderen, für manchen Leser heute reichlich fremd, die massive religiöse Interpretation des Kampfes gegen die Napoleonische Fremdherrschaft. Zu diesen beiden letzten Aspekten soll im folgenden noch eine Bemerkung angeschlossen sein.

Was die Beziehung zur Literaturgeschichte angeht, so sind für unser Lesebuch vor allem zwei Beobachtungen von Interesse. Die erste betrifft die sogenannte Tagesliteratur. Wir fassen unter diesem Begriff Flugblätter, kleine Broschüren, Abbildungen (auch Karikaturen) zusammen, die auf das aktuelle politische Geschehen Bezug nehmen. Ein beliebtes Kampfmittel bereits im Reformationszeitalter und im Dreißigjährigen Krieg, hatte die Tagesliteratur während der Befreiungskriege 1813 bis 1815 ihre bis dahin größten Erfolge und ist mit ihrer damals gefundenen Form als Übergang zu unserer modernen Publizistik anzusehen. »Große Politik« wurde mittels dieser vielerlei Zeugnisse zumeist nicht gemacht, aber sie waren, wie wir entdecken werden, oft treffender und unverblümter Ausdruck der Bedeutung, die man den Tagesereignissen tatsächlich beimaß. Auf gleicher Ebene bewegt sich auch die zweite Beobachtung: Sie gilt der auffällig großen Zahl von Selbstdarstellungen Beteiligter. Vor den Befreiungskriegen überhaupt seltener, waren solche »Erinnerungen« bisher eher Privileg der herkömmlichen Bildungsschicht gewesen, oder sie kamen aus Fachkreisen. Jetzt aber meldeten sich bald nach dem Krieg auch einfache Teilnehmer, etwa unterdes installierte Schulmeister oder ehemalige Freiwillige, zu Wort, um aus ihrer Sicht zu erzählen, was sie im Kriege erlebt und wie sie Geschichte, unter anderem ja auch den Ausgang der Völkerschlacht, mitgestaltet hatten. Vieles davon war so ehrlich, offen und kritisch, daß seinerzeit eine Drucklegung nicht zu erreichen war und oft erst im Zusammenhang der heranrückenden Hundertjahrfeier 1913 die Veröffentlichung möglich wurde.

Zum anderen: Für uns sind heute unter religiösem Anspruch geführte Kriege nicht mehr ohne weiteres verständlich. Wir wären aber schlecht beraten, wollten wir diese Auffassung unbesehen auch auf vorangegangene Generationen übertragen. Als Ernst Moritz Arndt im Januar 1813 seinen Aufruf an die Preußen mit den Worten schloß, »Gott will, wollet auch!«, entsprach er jedenfalls genau der religiös-politischen Stimmung, wie sie sich eben damals in Deutschland auszubreiten begann. Ausgelöst worden war sie durch die Nachricht von dem katastrophalen Untergang der Großen Armee in Rußland, die man dem Eingreifen Gottes zuschrieb (»Mit Mann und Roß und Wagen / So hat sie Gott geschlagen«). Man meinte, Gott habe sich dort eindeutig für die Sache des Rechtes verwendet, und letztlich sei er es, der nun auch den Krieg von 1813 vorantreiben wolle, um die durch Napoleon in Frage gestellte göttliche Gerechtigkeit wieder in Geltung zu setzen und den Völkern die ursprüngliche nationale Gleichberechtigung zurückzugeben. Insofern sprach man auch vom »heiligen Krieg«, wobei für weite Teile der Bevölkerung die von Gott bekundete Parteinahme zugleich beschrieb, mit welcher Gegnerschaft man es in diesem Krieg zu tun hatte: Es war das Prinzip des Bösen, beziehungsweise es war für viele

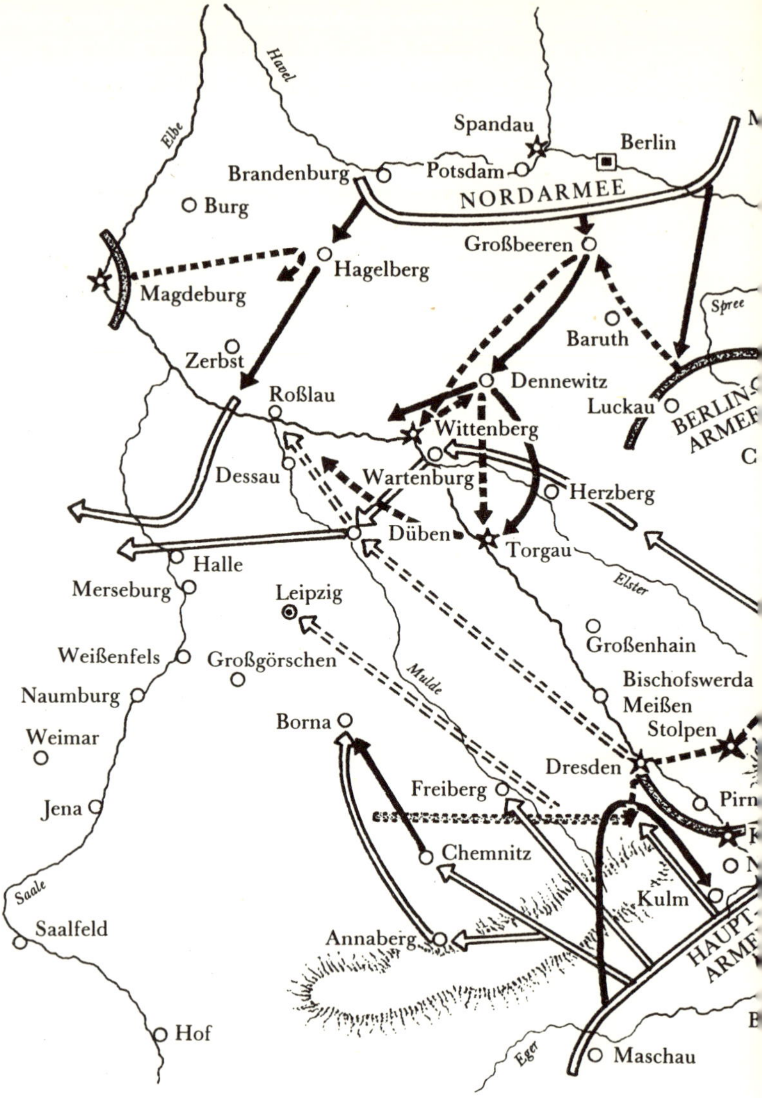

Der Herbstfeldzug in Deutschland 1813

Zeitgenossen der Teufel selbst, der durch Napoleon und sein politisches System zu herrschen versuche. Die offizielle kirchliche Lehre verhielt sich gegenüber letzterer Interpretation eher zurückhaltend. Ihr Thema war vielmehr,

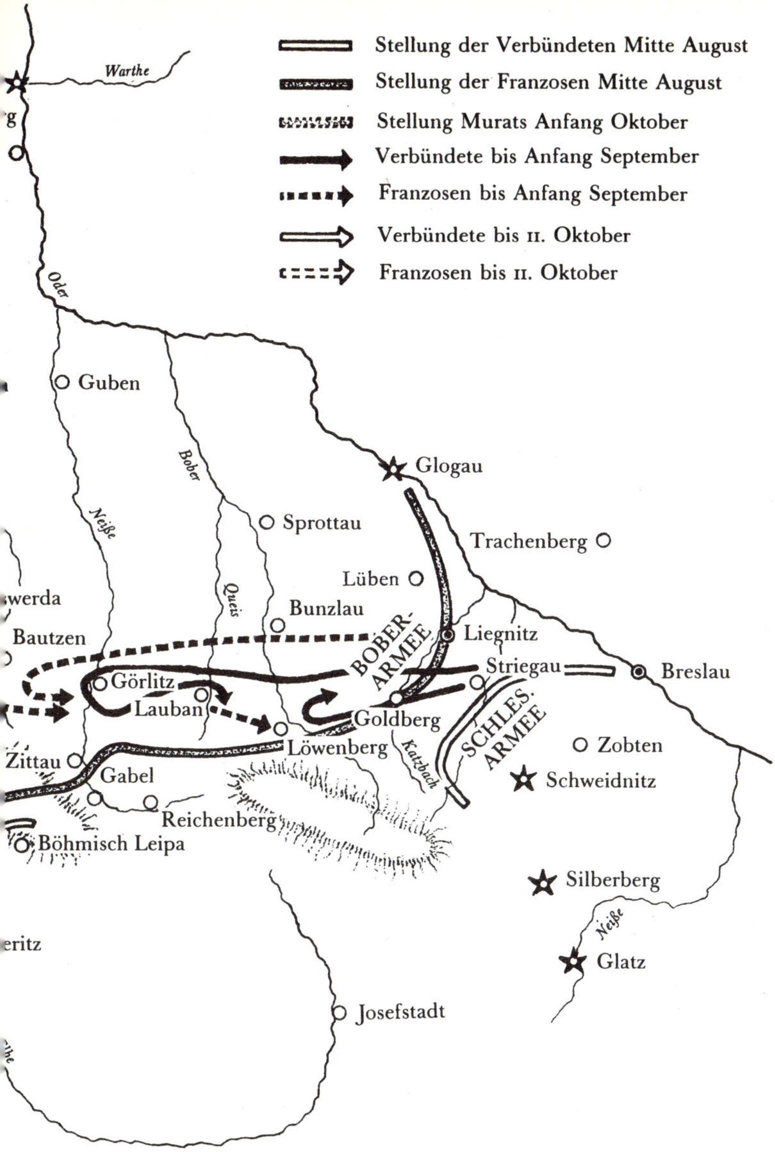

wenn man zum Beispiel an die Predigt der preußischen Geistlichkeit denkt, daß unter Hinweis auf das russische Vorbild von 1812 immer wieder neu betont wurde, Gott mache den Sieg abhängig von der sittlichen Leistung, die von der Nation in ihrer Gesamtheit erbracht werde. Diese Erklärung kam den Forderungen des Staates nach, in dessen festem Griff sich die Kirche befand und der seinerseits eine Reihe von Vorkehrungen getroffen hatte, damit die Kirche dem gewünschten Wächteramt gerecht würde. Einwände dagegen hatte die Geistlichkeit nur wenige, da man selbst unter dem Eindruck der allgemeinen religiösen Stimmung stand.

Freilich kann auch die Einbeziehung dieser hier zusätzlich aufgezählten Aspekte nicht garantieren, daß ein hinreichend wirklichkeitsnahes Bild entsteht. Aber das ist grundsätzlich ein Problem historischer Darstellung. Was unser Lesebuch betrifft, so wurde in der Weise entschieden, daß neben der Beachtung verschiedener Themenbereiche uns vor allem solche Zeitgenossen berichten sollen, die die Auswirkungen der Leipziger Schlacht am eigenen Leib und vielfach in erschreckendem Elend erlebten. Daß es sich demzufolge um eine zum Teil sehr ernüchternde Lektüre handeln wird, muß nicht betont werden. Doch vermutlich wäre der Erinnerung an die Völkerschlacht überhaupt ein schlechter Dienst erwiesen, wollte man sie in einem abgeklärten, milden Licht dokumentieren. Das gilt um so mehr, wenn man die Folgewirkungen der Schlacht ins Auge faßt. Militärisch war ihr Ausgang eindeutig, politisch dagegen wurde sie zu einer großen Enttäuschung derer, die Gut und Blut in diesem Krieg eingesetzt hatten. Speziell auf die deutschen Verhältnisse bezogen: Der Sieg über das Napoleonische System, den die Leipziger Schlacht einleitete, endete weder, wie man gehofft hatte, in der Ordnung eines neuen Deutschland (es entstand lediglich ein »Deutscher Bund«), noch brachte er den meisten deutschen Ländern, so auch Preußen, die auf dem Wiener Kongreß 1815 in Aussicht gestellte »Verfassung«, die eine begrenzte politische Mitsprache bedeutet hätte. Was statt dessen folgte, war einer aufgezwungenen Friedhofsruhe ähnlich, die durch wenigstens eine weitere Generation fortschrittlichere Regungen zumeist schon im Keim erstickte.

Wie eingangs gesagt, sind zu Entstehung und Verlauf der Völkerschlacht in den letzten Jahren informative Darstellungen erschienen. Wir können uns daher darauf beschränken, nur die wichtigsten Fakten in Erinnerung zu bringen, und geben nachstehend einen Überblick insoweit, als er dem besseren Verstehen unserer Texte dienen soll:

Als Napoleon im Sommer 1812 mit der für damalige Verhältnisse ungeheuren Zahl von etwa 500 000 Soldaten die russische Grenze überschritt, hielt Europa den Atem an. Fast alle Länder des Kontinents, darunter auch die im »Rheinbund« zusammengefaßten deutschen Staaten und außerdem auch Österreich und Preußen, hatten Truppenkontingente stellen müssen. Würde es gelingen, Rußland, neben England das letzte Bollwerk gegen das Napoleonische System, zu besiegen? Der Ausgang ist bekannt. Die wenigsten von dieser Riesenarmee kehrten zurück. An ihrer Stelle erschienen vielmehr die russischen Truppen an Deutschlands Grenze und forderten die bisherigen Verbündeten Napoleons auf, mit ihnen gemeinsam jetzt das französische Joch völlig zu zerbrechen. Preußens Krone, nach unerfreulich langem Zögern, gedrängt von der eigenen Bevölkerung, entschied sich schließlich für den Krieg, die beiden Mecklenburgs folgten, die übrigen deutschen Fürsten jedoch gaben Napoleon aufs neue nach und stellten wiederum Truppen. Einen Sonderweg ging Österreich, es verhielt sich abwartend neutral. Besonders ungünstig für den russisch-preußischen Aufmarsch war, daß Sachsen zunächst ebenfalls versuchte, neutral zu bleiben, und bald darauf wieder ganz in das Lager Napoleons gezogen wurde. Der französische Kaiser hatte unterdessen vom Rhein her eine neue Armee in Marsch gesetzt und stellte das russisch-preußische Heer vor eine schwierige Aufgabe. Man war zahlenmäßig den Napoleonischen Streitkräften unterlegen, und die preußische Nationalbewaffnung (Landwehr und Landsturm) steckte noch in den Anfängen. Trotzdem lieferte man zwei Hauptschlachten, Großgörschen (2. Mai) und Bautzen (20./21. Mai), und zahlreiche weitere Gefechte. Durch sie konnte nicht verhindert werden, daß Napoleon wieder bis nach Schlesien vordrang. Aber gerade dieses Vordringen machte dem französischen Kaiser klar, daß er mit seinem stark zusammengeschmolzenen Heer

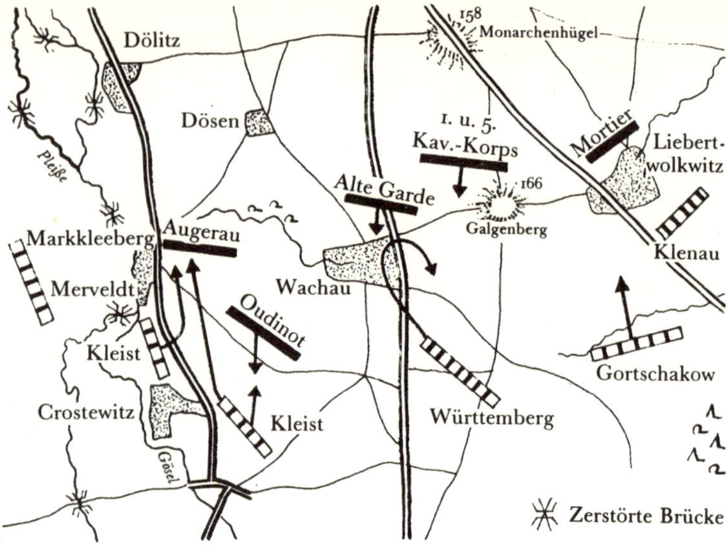

Die Kämpfe südlich und (rechte Karte) nördlich von Leipzig am 16. Oktober 1813

und sich immer weiter von seinen natürlichen Hilfsquellen entfernend, im Frühjahrsfeldzug 1813 nicht mehr siegen konnte. Deshalb kam es zum Waffenstillstand (4. Juni bis 10. August). Unter seinem Schutz hoffte Preußen, die Nationalbewaffnung vollenden zu können. Und jetzt gelang es auch, das Bündnis endgültig um England und Schweden und vor allem um Österreich zu erweitern.

So sah sich Napoleon bei Beginn des Herbstfeldzuges drei und schließlich sogar vier großen Armeen gegenüber: der Hauptarmee, bei der sich die drei Monarchen befanden (Zar Alexander I. von Rußland, Kaiser Franz I. von Österreich und König Friedrich Wilhelm III. von Preußen), der Schlesischen Armee unter Blücher mit Gneisenau als Generalstabschef, der russischen Reservearmee unter Bennigsen, die von Polen her im Anmarsch war, und außerdem der Nordarmee unter Bernadotte, ehedem Napoleons Marschall und seit 1810 Kronprinz von Schweden. Der Plan der Verbündeten lief darauf hinaus, daß keine der Armeen sich dem französischen Kaiser allein stellen solle, sondern daß er wenigstens von zwei Heeresgruppen gleich-

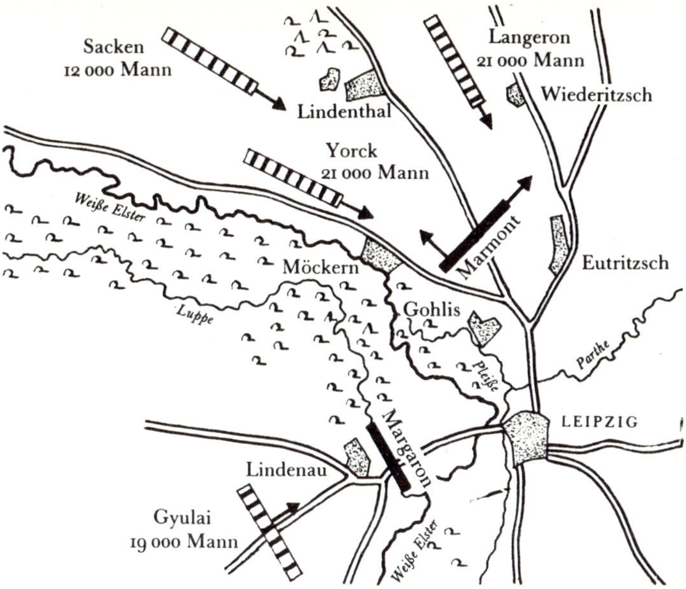

zeitig zu bekämpfen und wenn möglich niederzuringen sei. Die Versuche, diesen Plan in die Tat umzusetzen, sind hier im einzelnen nicht zu schildern (vgl. die Karte Seite 8). Mitte September stand es so, daß Napoleon weder die Hauptarmee bei Dresden hatte vernichtend schlagen können (26./27. August), noch war es den Kommandos seiner Marschälle geglückt, der Nord- wie der Schlesischen Armee eine Niederlage zu bereiten. Die Verbündeten blieben Sieger bei Nollendorf (29./30. August), bei Großbeeren (23. August), an der Katzbach (26. August), bei Hagelberg (27. August) und Dennewitz (6. September). Dadurch schränkte sich die französische Operationsbasis erheblich ein. Hinzu kam der von Gneisenau ausgelöste Rechtsabmarsch der Schlesischen Armee (seit dem 26. September). Dieser Marsch durchbrach die bis dahin von den Franzosen gehaltene Elblinie, stellte die Verbindung zur Nordarmee her, die nunmehr der Schlesischen Armee folgte, und brachte schließlich an der Saale die Begegnung mit der Hauptarmee, die vom Erzgebirge heranzog. Damit war Napoleon der Rückweg versperrt und eine Schlacht nur noch mit den vereinten Kräften der Verbündeten möglich. Als Napoleon diese Operationen zu durchschauen begann, zögerte er auf Burg Düben verhängnisvoll lange und traf seine Gegenmaßnahmen endlich unter der Voraussetzung, er könne die Hauptarmee noch separat schlagen. In Wirklichkeit hatte sich diese aber mit der Schlesischen Armee bereits zur gemeinsamen Schlacht verabredet.

Das Reitergefecht am 14. Oktober bei Liebertwolkwitz unweit Leipzigs (etwa 14 000 Reiter!) machte offenbar, daß die Hauptarmee einer Schlacht nicht mehr ausweichen wollte. Entsprechend konzentrierte sich Napoleon, mit dem Rücken an Leipzig gelehnt, südlich der Stadt auf eine Front, die in der Art eines Halbzirkels von Großpösna bis Connewitz reichte.

Der Beginn der Schlacht am 16. Oktober zeigte aber, daß inzwischen auch die Schlesische Armee, von Halle kommend, in den Kampf eingreifen konnte. Sie band nicht allein das französische Beobachtungskorps im Norden der Stadt, sondern zudem einen Teil der Reserven, die den Napoleonischen Streitkräften bei der Entscheidung im Süden fehlten (Karte Seite 12). Wohl stand es am Abend des 16. Oktober auch für die Verbündeten im Süden nicht gut (Napoleon hatte in der Stadt sogar schon die Siegesglocken läuten lassen!), doch im Norden waren die Franzosen bei Möckern gänzlich aus dem Felde geschlagen worden (Karte Seite 13).

Am 17. Oktober, einem Sonntag, kam es kaum zu Kämpfen. Der französische Kaiser setzte auf diplomatische Verhandlungen, die Verbündeten dagegen konnten jetzt mit dem Einrücken der Nordarmee und der Heeresgruppe Bennigsen in die Schlachtlinie rechnen. Somit war etwa eine halbe Million Soldaten auf verhältnismäßig engem Raum versammelt!

Als sich am 18. Oktober das furchtbare Ringen erneuerte, war für Napoelon die Schlacht praktisch schon verloren. Er war den Verbündeten nun zahlenmäßig weit unterlegen, und er besaß keine Reserven mehr. Zwar hatte er im Südosten die Front zurückgenommen und außerdem eine Verteidigungslinie gegen die einschwenkende Nordarmee

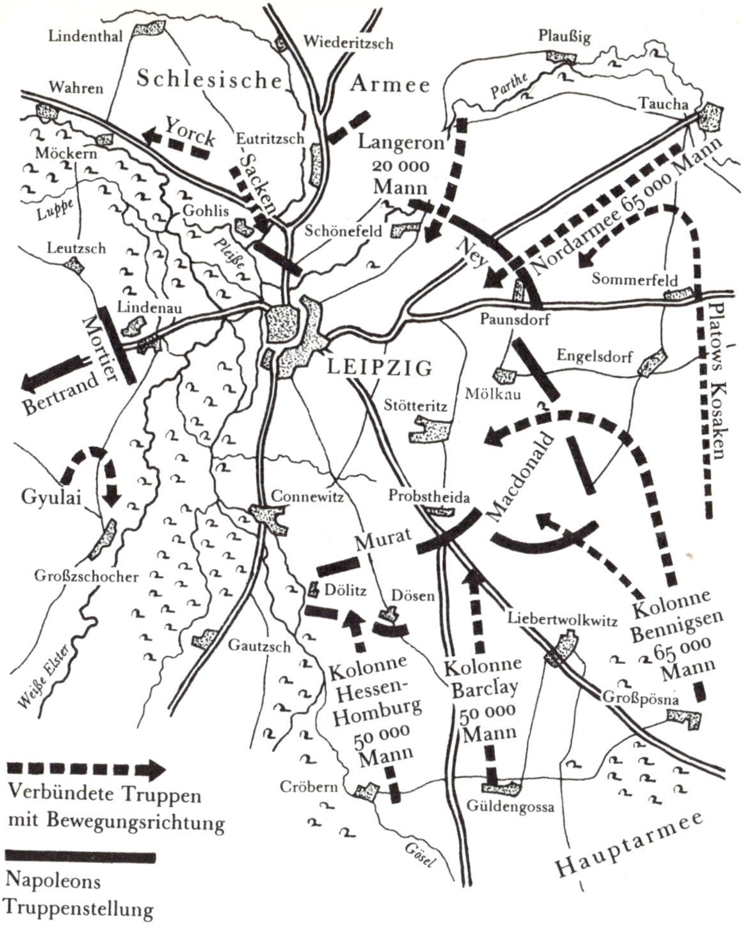

Die Kämpfe um Leipzig am 18. Oktober 1813

und die Kolonne Bennigsen aufgebaut (Karte oben), aber noch in der Nacht des 18. Oktober ließ er den Rückzug einleiten. Daß dieser überhaupt möglich war, beruhte auf Meinungsverschiedenheiten innerhalb des verbündeten Hauptquartiers. So hatte Österreich, um nicht Rußland und Preußen politisch ausgeliefert zu sein, kein Interesse an einem völlig entmachteten französischen Kaiser, und andererseits befürchtete man bei einer Sperrung der Straße nach Westen vielfach auch einen Durchbruchsversuch Napoleons an die Elbe (Dresden, Torgau, Wittenberg, Magdeburg und Hamburg waren als befestigte Städte noch in französischer Hand). Denkwürdig wurde der 18. Oktober nicht zuletzt aber auch dadurch, daß nunmehr deutsche, nämlich württembergische und sächsische Truppenteile zu den Verbündeten übergingen, wobei erstere allerdings nicht mit allgemeinem Jubel begrüßt wurden, da sie an dem verräterischen Überfall auf die Lützower Freischar bei Kitzen mitgewirkt hatten. (Bayern – aus rein politischer Überlegung – hatte bereits am 8. Oktober das Bündnis des französischen Kaisers verlassen, und General Wrede marschierte schon auf dessen Rückzugslinie zu; die Badenser hingegen gaben sich am 19. Oktober den Verbündeten zumeist ohne Schuß gefangen.)

Der 19. Oktober endlich brachte den Sturm auf die Stadt. Beim Angriff auf die äußeren Tore und in den Vorstädten kam es nochmals zu blutigen Kämpfen. Dann aber drangen Sturmkolonnen in die innere Stadt und, immer mehr zusammengeschnürt, streckte der Rest der Napoleonischen Truppen die Waffen, zumal inzwischen auch durch die vorzeitige Sprengung der Elsterbrücke die einzige Rückzugsstraße unterbrochen war. Immerhin entkam Napoleon mit etwa 80 000 Mann; an Gefallenen, Kranken, Verwundeten und Gefangenen hatte er 73 000 (nach anderen Angaben 110 000) verloren. Bei den Verbündeten belief sich der Verlust auf 53 600 Mann (22 600 Russen, 16 000 Preußen, 14 800 Österreicher, 200 Schweden). Welches Schicksal in dieser Zeit Leipzig und die umliegenden Dörfer genommen hatten, wird dann in den Berichten selbst erzählt werden.

Abschließend ist nun noch etwas zum Umgang mit den Texten zu sagen. Man kann sie durchaus unmittelbar auf sich wirken lassen. Andererseits ist aber doch zu bemerken, daß die Kenntnis von Dingen, die früher allgemein geläufig waren, unterdessen sehr viel geringer geworden ist. Deshalb ist den Texten jeweils ein »Vorspann« beigegeben. Er sorgt zugleich auch für die Einbindung in das damalige Zeitgeschehen und führt zum Teil über den aktuellen Zeitpunkt der Leipziger Schlacht hinaus. Um das ursprüngliche Kolorit zu wahren, werden, soweit es durchführbar war, die Texte in Originalorthographie geboten. Verschiedentlich ist aber auch bewußt auf spätere und uns leichter zugängliche Ausgaben oder Sammlungen zurückgegriffen, um auf diese Weise für Interessierte ein umfassenderes Lesen zu ermöglichen. Daß sich sachliche und zeitliche Überschneidungen bei den ausgewählten Berichten nicht immer haben vermeiden lassen, wird man verstehen. Es mag auch sein, daß der eine oder andere – persönlich bevorzugte – Bericht vermißt wird. Indessen weiß der Kundige, in welche Qual der Wahl das insgesamt vorhandene Material allein schon durch seine ungeheure Fülle versetzt. Der kommentierende Anmerkungsapparat wurde in Grenzen gehalten. Einige zusätzliche Informationen sind aus dem Literaturverzeichnis ersichtlich.

Gerhard Graf

NAPOLEON

Nachdem ihm bei Düben die Schlesische Armee wiederum entschlüpft war, ordnete Napoleon nach einigem Zögern den Marsch auf Leipzig an, um sich nunmehr mit aller Kraft auf die Hauptarmee der Verbündeten zu werfen. Genauere Kenntnis dieser Operationen hatten die Leipziger nicht, aber man war in der Stadt, vor allem bestärkt durch die zunehmende Anhäufung von Truppenmassen, schon länger voll unguter Vorahnungen. Wie sehr sie zutrafen, zeigte der 14. Oktober. An diesem Tage erschien der französische Kaiser in eigener Person und schlug seinen Befehlsstand nahe der Stadt unweit des Galgens auf. Zu den Beobachtern dieses Geschehens gehörte damals auch Friedrich Rochlitz (1769–1842), den Zeitgenossen bekannt als Musikschriftsteller und Erzähler. Seine Darstellung, der wir hier folgen, ist einem Tagebuch entnommen, das Rochlitz angesichts der Ereignisse jenes Herbstes sehr detailliert und mit viel Gespür für die Situation fortlaufend führte. Eine literarische Verwertung mag von vornherein nicht ausgeschlossen worden sein. (Goethe, mit dem er Briefe wechselte, versagte dann später auch sein Lob nicht.) Heute zählt dieses Tagebuch trotz seines uns zuweilen kaum noch erträglichen Stiles, wie wir gleich bemerken werden, zu den wertvollsten Schilderungen, die sich aus Leipzigs denkwürdigen Oktobertagen von 1813 erhalten haben.

Napoleon war in der Stadt gar nicht verweilt, sondern sogleich hinaus zu den Seinen geritten. Kaum eine Viertelstunde weit zum Grimmaischen Tore hinaus, mithin Wolkwitz[1] als Hauptpunkt im Auge, wählete er seinen Standpunkt auf offenem Felde und nahe an der Straße. Hieher ward ein kleiner Tisch aus einem Landhause gestellt, ein

Stuhl dahinter, ein loderndes Wachfeuer daneben. Eine Karte, die man – es war rauhes, stürmisches Wetter – auf den Tisch genagelt, ein kleiner Tubus, meist in seiner Hand: das war Napoleons ganzer Apparat. Niemand war behindert, nach Gefallen so nahe zu treten, daß man nur nicht gerade ihm im Wege war. Als er hinausritt, sahe er finster, verschlossen, gewissermaßen starr aus; da nur aber erst die Kanonen mächtiger donnerten, öffnete sich gleichsam das verschlossene Gesicht: er ward gesprächig, beweglich; seine Miene blieb nur herrischernst, nicht mürrisch, und änderte sich nun auch im Laufe des lebhaften Gesprächs fast so wenig, als die Miene einer Maske. Dies Feststehende, ich möchte sagen Gefrorne, zusammen mit dem Unruhigen, Hastigen, etwas Eckigen seiner Bewegungen, hatte etwas – soll ich's Über- oder Unmenschliches nennen? kurz, etwas, daß einem ganz unheimlich, fast grauenvoll dabei ward; und kann ich nicht bestimmen, inwieweit diese Empfindung unmittelbare Folge des Eindrucks oder inwieweit dieser erst von eigener Phantasie zugekocht sein mochte. Napoleon saß – auch wenn er die Karte befragte über einen Punkt, worauf er den Finger legte, sprach, schrieb usw. – nie länger als etwa zwei Minuten; dann richtete er sich hastig wieder empor und ging auf und nieder. Alexander Berthier[2] war immer an seiner Seite. Mit kältestem Stolz und erdrückender Gleichgültigkeit behandelte er mehre der vornehmen Herren, die sonst und oft weit unerträglicher, als er, uns despotisierten und die nun in gänzlich resignierender Ehrfurcht etwas dumm dastanden. Adjutanten und auch andere Offiziere, ohne deren Abzeichen, flogen von allen Seiten unaufhörlich herbei, alle wurden direkt an ihn verwiesen. Er nahm ihre Papiere, lief sie blitzschnell durch, schrieb oder gab mündlich im Augenblick Antwort, die letzte meist gegen Berthier hin, der dann, wie es schien, seine kurze Entscheidung den Männern weiter auseinandersetzte; zuweilen winkte er auch diese nahe zu sich, fragte, fertigte ohne Zwischenredner ab usw. Sein Gang traf einigemal so, daß er Trupps Verwundeter, die zum Teil in jämmerlichem Zustande auf der Straße nach der Stadt gebracht wurden, ganz sicher erkennen mußte, er wendete weder den Schritt, noch den Blick um; die Sache war ihm völlig gleichgültig. – Dies alles und noch tausenderlei zusammengenommen, was sich nicht wohl in Worte fassen läßt, ohne, wie bei einer im einzelnen geschilderten, reichen Landschaft, das Gesamtbild, worauf allein es ankömmt, viel eher zu zerstören, als zu vollenden: dies, sag ich, bringt einem das Zauberische, Geisterbannende seiner persönlichen Nähe in den Sinn... Also, meine Herren und werten Freunde: wollt ihr diesen Gewaltigen zum Teufel machen – es werden freilich wenige etwas dagegen haben, und vielleicht manche, die ihm nahe stehen, am wenigsten – so macht ihn nur nicht zu so einem armseligen, popanzigen Satanas, wie ihn eine dürftige, zage Phantasie ausmalt; zu einem Dinge, das am Ende nur aus Negationen zusammengeflickt ist, sondern erkennet ihn, mit dem Evangelio zu sprechen, als den »Teufelobersten«, den keines »eurer Kinder« austreibt, sondern einzig »Gottes Finger«[3] –

(F. Rochlitz, Tage der Gefahr)

SCHWARZENBERG AM VORABEND DER SCHLACHT

Obwohl Fürst Karl von Schwarzenberg (1771–1820) seit dem August 1813 die höchste Kommandostelle der verbündeten Heere innehatte, ist uns heutzutage sein Name weniger geläufig als etwa der von Blücher, Gneisenau oder Yorck. Einmal mag das daran liegen, daß Schwarzenberg nominell zwar den Oberbefehl führte, in Wirklichkeit jedoch häufig der Einmischung von Alexander I., Franz I. und Friedrich Wilhelm III. beziehungsweise von deren militärischen Beratern ausgesetzt war. (Blücher in einem Trinkspruch auf Schwarzenberg: »Auf das Wohlsein des Feldherrn, der drei Monarchen in seinem Hauptquartier hatte und den Feind dennoch schlug.«) Zum anderen ist aber auch zu sagen, daß Schwarzenberg sicherlich nicht die militärische Begabung hatte, wie sie beispielsweise ein Gneisenau besaß. Um so achtbarer ist die Art und Weise, wie sich der Oberfeldherr in seine schwierige Aufgabe fügte und dabei eher zu gering als zu groß von sich dachte. Der hier wiedergegebene Brief jedenfalls spricht nicht nur von der tiefen Bindung des Fürsten an seine Frau, sondern stellt auch das Zeugnis einer sich bescheidenden inneren Vornehmheit dar. – Sein Generalstabschef zu dieser Zeit war übrigens der durch den populären Militärmarsch bekannt gebliebene Johann von Radetzky (1766 bis 1858).

Später, bereits durch Schlaganfall halbseitig gelähmt, suchte Schwarzenberg 1820 nochmals die Schlachtfelder um Leipzig auf. Während dieses Aufenthaltes erkrankte er aufs neue und starb schließlich am Ort seines größten Sieges. An der Überführung in die Heimat nahm im Rahmen eines feierlichen Aktes auch die Stadt Leipzig Anteil. 1838 wurde ihm durch die eigene Familie in Meusdorf bei Liebertwolkwitz ein Denkmal gesetzt, das erste, welches bleibend an den Sieg der Verbündeten in der Leipziger Schlacht erinnerte.

Pegau, den 15. Oktober 1813.

Ich wollte Dir gestern noch schreiben, es trieb mich hin zu Dir, aber ich vermochte es nicht; einige Stunden Schlaf haben mich wieder ganz gestärkt; ich bedarf es, denn morgen bricht ein wichtiger Tag an, die Ebenen von Leipzig werden abermals eine fürchterliche Schlacht erleben.[4] Ich habe mich mit Blücher verabredet, er soll morgen von Merseburg und Halle gegen Leipzig rücken, neben ihm Gyulai,[5] der heute bei Lützen versammelt ist, Merveldt[6] greift auf der Straße von Zwenkau gegen Connewitz an und wird durch das österreichische Reservekorps unterstützt. Die Korps von Wittgenstein, Kleist und Klenau[7] bilden das corps de bataille[8] zwischen der Pleiße und der Parthe und dem ihnen gegenüberstehenden Feind. Die russischen Grenadiere, die Kürassiere, die Garden zu Fuß und zu Pferde, auch das Korps von Colloredo[9] bestimme ich zur Reserve.

Bennigsen[10] soll mit 40 000 Mann bei Grimma eintreffen, nachdem er ebensoviel zur Blockade von Dresden zurückließ. Der Kronprinz wird mitwirken oder nicht – das steht in weitem Felde.[11] Wenn der Herr uns seinen Arm leihen wollte, nur ihm gebührt die Züchtigung; gerne will ich auf alles Verzicht leisten, das weiß mein Gott, aber ein Unglück in diesem Momente wäre schrecklich. Die Schlacht muß mehrere Tage dauern, denn die Lage ist einzig und die Entscheidung von unendlichen Folgen. Wenn ich zu meinem Fenster hinaussehe und die zahllosen Wachtfeuer zähle, die sich vor mir ausbreiten, wenn ich bedenke, daß mir gegenüber der größte Feldherr unserer Zeit, einer der größten aller Zeiten – ein wahrer Schlachtenkaiser steht, dann, meine liebe Nani, ist es mir freilich, als wären meine Schultern zu schwach, und müßten unterliegen unter der Riesenaufgabe, welche auf ihnen lastet. Blicke ich aber empor zu den Sternen, so denke ich, daß der, welcher sie leitet, auch meine Bahn vorgezeichnet hat. Ist es sein Wille, daß die gerechte Sache siege, und dafür halte ich die unserige, so wird seine Weisheit mich erleuchten und meine Kraft stärken. Ist es der Wille der Vorsehung, daß sie unterliege, so ist mein persönliches Mißgeschick die geringste der traurigen Folgen. Überlebe ich es, so werde ich in Deinen Augen, meine Nani, deshalb nicht kleiner, nicht wertloser erscheinen. Im Falle des Gelingens wie in jenem des Mißlingens habe ich im voraus meine Eigenliebe bekämpft, und nicht das Urteil der Welt wird mich lohnen oder strafen! Geht alles gut, so will ich mich einst bei Euch an meinem Bewußtsein erfreuen und an den Kindern, und wir wollen dann wieder unsere Bäume pflanzen und pflegen.

Eben erhalte ich Deinen Brief vom 9., wenig Stunden bevor der Donner der Kanonen das Feierliche des Tages verkünden wird. Eben unterbricht mich ein Adjutant des wackern Blücher, der mir verkündet, er habe sich verabredetermaßen in Bewegung gesetzt und würde zur bestimmten Stunde erscheinen. Nun trenne ich mich von Dir, um ein paar Stunden zu ruhen; mir ist so wohl mit Dir ein paar Stunden gelebt zu haben. Nun denn, meine Nani, an Dich will ich denken, emporblicken gegen den Himmel, um seinen mächtigen Schutz zu erbitten, und dort wird mein Gebet das Deinige finden.

Wie liebt Dich Dein

Karl.

(F. Schulze, 1813 bis 1815)

EINQUARTIERUNG UND HEERESLIEFERUNGEN

Wir denken bei der Völkerschlacht gewöhnlich zuerst an den furchtbaren Zusammenprall von einer halben Million Soldaten auf engstem Raum. Weithin entschwunden dagegen sind unserem Bewußtsein die Leiden der Zivilbevölkerung in dieser Zeit. Von den Zuständen in Leipzig selbst ist an anderer Stelle zu berichten. Hier soll zunächst einmal an die Verhältnisse auf dem flachen Land erinnert werden, vornehmlich an die Dörfer, und zwar in unserem Falle an Großzschocher. Der Ort befand sich mehr am Rande des Schlachtfeldes, gewissermaßen der »Südwestfront« zuzurechnen, und wurde nicht in der Weise Kampfgebiet wie etwa Probstheida, Schönefeld oder Möckern. Das Schrecklichste hier waren vielmehr die schon seit 1812 verstärkt andauernden Einquartierungen ständig wechselnder Truppenteile und die damit verbundenen Requisitionen (vor allem abgeforderte Naturallieferungen), die in dem Maße, wie die Vorräte zu Ende gingen, immer mehr zu Plünderung und Gewalttat ausarteten. Allerdings muß man einräumen, daß es sich oft genug nicht um vorsätzliche Rohheit oder Unmenschlichkeit handelte, sondern daß der von Freund wie Feind verübte Frevel einfach vom Hunger diktiert war. Sachsen hatte zur Zeit der Leipziger Schlacht bereits den zweiten Feldzug innerhalb eines Jahres hinter sich und war unterdessen so ausgezehrt, daß die Soldaten teilweise von Krautstrünken und Mohrrüben lebten und schon wenige Kartoffeln nur noch gegen schweres Geld erhandelt werden konnten. Um so anziehender wirkte natürlich dann ein Dorf inmitten kultivierter Fluren, wie es Großzschocher war. Endlich bot sich einmal die Gelegenheit, die Ernährung von Mann und Roß um einiges aufzubessern! Für Großzschocher hatte das zur Folge, daß es, noch eben ein blühender Ort, binnen weniger Tage in völlige Armut und Verwüstung geriet.

Aufschlußreich ist unser Bericht aber auch durch die darin mitgeteilten Gespräche. Noch überwiegt nach wie vor unter den französischen Truppen der Glaube an den unüberwindlichen Kaiser. Doch wir hören nun auch Stimmen, die unverblümt das Ende des Militärdespotismus Napoleons herbeisehnen.

Berichterstatter des Ganzen ist Ludwig Wilhelm Gottlob Schlosser, geboren 1774, der zunächst Pfarrer in Drakendorf (Sachsen-Weimar) war und nach der Schlacht bei Jena 1806 zum erstenmal die Greuel des Krieges erfuhr. 1811 wechselte er nach Großzschocher. Hier war er maßgeblich an der Rettung Theodor Körners und anderer Lützower Jäger beteiligt, nachdem diese Freischar, wie erwähnt, während des Waffenstillstandes im Sommer 1813 von Napoleonischen Streitkräften bei Kitzen unweit Großzschocher verräterisch überfallen und zersprengt worden war. Schlosser persönlich hatte noch bis zum 14. März 1814 Einquartierungen zu erdulden, erlebte dann den allmählichen Wiederaufbau seiner Gemeinde mit und ging erst 1855 in den Ruhestand. 1859 starb er im benachbarten Lindenau.

Wie schon gesagt, hatten wir während des Waffenstillstandes immer Einquartierung gehabt. Bald waren es italienische Stückknechte,[12] bald polnische Reiter,[13] bald viel, bald wenig, aber immer blieben sie lange, einmal 176 Pferde drei Wochen lang, ohne daß wir deswegen mit kürzeren Einquartierungen auf einen Rasttag und eine Nacht verschont geblieben wären. Aber es wurde alle Tage schlimmer. Am härtesten ging es uns am Sonnabend vor dem 16. Sonntage nach Trinitatis, den Monatstag habe ich zu bemerken vergessen.[14] Es kamen nämlich, ganz unangemeldet, und wie man merkte, infolge eines unglücklichen Gefechts, 600 württembergische Reiter und 600 Mann Franzosen zu Fuß bei uns an und schlugen ihr Lager in einem großen Feldgarten vor dem Dorfe und auf den Pflanzbeeten auf. Sie holten Tische, Stühle und Bänke, Sägeböcke und Bretter, Türen und Fensterläden, Holz, Stroh, Heu, Säcke, Töpfe, Tiegel, Schüsseln, Teller, Näpfe, Schubkarren und Radwellen,[15] Eimer und Kübel, Leuchter und Lampen aus den

Häusern. Sie fütterten nicht nur ihre 600–700 Pferde reichlich, sondern sie nahmen auch noch 40 Scheffel[16] Hafer mit auf den Weg. Die Württemberger spielten den Meister, drängten die sehr verschüchterten Franzosen auf die Seite und ließen ihnen wenig zugute kommen. Die Verwirrung und Betäubung war so groß, daß am Sonntag danach nicht gepredigt, sondern erst am Nachmittag eine Betstunde abgehalten werden konnte. Am 6. Oktober mußte das Dorf 1800 Pfund Brot, einen Ochsen, 800 Rationen Hafer und vier Wagen Heu liefern. Am 7. mußten wir 200 schwere Rationen Hafer und Heu, 200 Rationen Brot, Butter, Fleisch, Bier und Branntwein nach Lindenau schaffen. Am 8. glaubten wir einmal frei zu sein, aber noch in der Nacht mußten 200 Rationen Hafer und Heu und ebensoviele Portionen Fleisch und Brot geschafft werden.

Am 9. rückten 500 Mann berittene französische Nobelgarde[17] hier ein und blieben über Nacht. Als sie im Pfarrhofe Futter faßten, einer auf eine ziemlich tiefe, mit Dünger bedeckte Pfütze zuritt, und ich ihm winkte, kam er herüber an mein Fenster, um sich zu bedanken, und bat mich ein wenig hinauszukommen. Als ich an sein Pferd trat, fragte er mich, ob es wahr sei, daß sich Kosaken sehen ließen.

»Man sagt es«, erwiderte ich, »aber ich glaube es nicht.«

»O«, versetzte er, »ich wollte, sie kämen und jagten mich bis in meines Vaters Hof.«

Für den Abend war ich aufs Rittergut gebeten, um zweien von diesen Nobelgardisten, die kein Wort deutsch verstanden, zur Gesellschaft zu dienen. Der eine, ein Hauptmann, war ein Mann in den Fünfzigern, der andere ein Jüngling von 18–20 Jahren, beide sehr höfliche, wohlerzogene Leute, in hohem Grade unzufrieden mit Napoleons Tyrannei und ohne die geringste Lust, ihm die Welt erobern zu helfen. Der Hauptmann war Leutnant in der Garde Ludwigs XVI.[18] gewesen und mit dem Titel Hauptmann und 800 Livres (650 Mark) pensioniert worden. Er hatte sich auf ein kleines Landgut, das er bei Paris besaß, zurückgezogen und war ledig geblieben. So hatte er die Stürme der Revolution überstanden und sah besseren Tagen entgegen. Da kam Befehl, Dienste in der jungen Garde zu nehmen, bei Verlust seines Gnadengehalts. Er ließ diesen fahren und blieb zu Haus. Nach kurzer Zeit kam ein neuer Befehl, Dienst in der Nobelgarde zu nehmen, bei Konfiskation seines Landguts. Um diesen Trost seines Alters nicht zu verlieren, hatte er Dienste genommen. Der andere war der vierte Sohn eines Kaufmanns, seine drei älteren Brüder lagen auf den Schlachtfeldern in Spanien und Rußland, der jüngste sollte das väterliche Geschäft fortführen und die Stütze der Seinigen im Alter sein. Aber es kam der erneute Befehl, Dienste in der jungen Garde zu nehmen. Der alternde Vater kaufte den unentbehrlichen, allein übriggebliebenen Sohn mit 20000 Franken los. Nach einiger Zeit kam wieder ein neuer Befehl, Dienste in der Nobelgarde zu nehmen. Davon gab es keine Befreiung, er mußte ziehen, und die 20000 Franken waren auch in den Abgrund des kaiserlichen Schatzes gefallen. So erzählten diese aufrichtigen Männer, die sich wie Vater und Sohn benahmen.

Diese Einquartierung verhinderte aber nicht, daß noch eine Schar Stückknechte mit 200 Packpferden aus Leipzig kam, um auf einen Schein der Kreisdeputation soviel Heu und Stroh zu fassen, als sie fortbringen konnten, wodurch die Schäferei in Windorf fast alles Futters beraubt wurde. Nicht besser ging es den armen Bauern. Ungeachtet einzelne kleine Haufen Kosaken bis Zöbigker und einer sogar bis in unsere Flur gekommen waren, gingen doch die Lieferungen fort. Am 10. Oktober, einem Sonntag, waren wieder große Lieferungen, so daß gar kein Gottesdienst zustande gebracht werden konnte, und sogar am späten Abend mußte noch einmal geliefert werden, ebenso am 11. morgens. Am 12. hatten wir vier Lieferungen und waren schon dadurch außer uns. Aber was sollte noch am Abend dieses mir unvergeßlichen Tages über uns kommen! Es war uns zwar unbestimmt eine Einquartierung für diesen Nachmittag angesagt worden, aber der Nachmittag verging, der Abend kam, es erschien niemand, und wir schmeichelten uns schon, diese unwillkommenen Gäste würden ausbleiben, Tore, Türen und Fensterläden wurden geschlossen.

Siehe, da erhob sich ein furchtbares Krachen, Schreien und Brüllen, so daß es die Leute in Lauer, eine halbe Stunde von hier, gehört und gemeint haben, unser Dorf würde beschossen. Es waren nämlich ein Bataillon Infanterie und zwei kleine Regimenter Dragoner von Augereau,[19] die, aus Portugal und Spanien zurückgekehrt, in Bayern kantoniert hatten, in unserem Dorfe eingerückt. Von einem scharfen Gefechte mit Österreichern und Kosaken bei dem (zwischen Naumburg und Zeitz gelegenen) Städtchen Osterfeld ermüdet, ohne anzuhalten, bis hierher gekommen, waren sie nach einem Ritt von wenigstens 60 Kilometern voller Erwartung, hier alles zu ihrer Aufnahme bereit zu finden. Da sie nun weder Lichter in den Fenstern, noch Hauswirte mit Laternen in den Türen fanden, so gerieten sie in Wut und schlugen so gewaltig mit den Kolben ihrer Flinten und Karabiner an Läden und Tore, daß es wie eine Kanonade klang, die durch das Brüllen nur noch schrecklicher wurde. Da es 800 Dragoner und sicherlich 400 Infanteristen waren, so mußten schon bei ganz regelmäßiger Verteilung viele auf ein Haus kommen, aber wahrscheinlich fuhren sie bei der Dunkelheit hinein, wo sie Platz sahen. Daher wollte mancher Hauswirt 80 oder wohl gar 100 Mann gehabt haben, wo dann freilich an keine andere Lagerstatt zu denken war, als ein Plätzchen im Hofe oder im Garten, und an keine andere Beköstigung als einen Kessel voll Kartoffeln mit Salz und einen Trank aus dem Brunnen. Mir ging es wider alles Vermuten viel besser. Ich hatte auch Tor, Türen und Läden geschlossen, Frau und Kinder mit dem Licht in die Küche gesteckt und war ohne Licht in die Oberstube gegangen, wo ich bei einem dunkeln Schimmer sah, daß die ganze Gasse vor meiner Wohnung voller Reiter war. Mit zitterndem Herzen erwartete ich jeden Augenblick, daß diese Masse das leichte Tor sprengen und hereinstürzen würde, wo mir dann nicht einmal ein Platz auf der Scheunentenne, von allen Lebensmitteln kein Bissen Brot und von aller Habe kein blechener Löffel geblieben war. Aber die dichtgedrängte Reitermasse trennte sich mit leisem, mir unverständlichem Gemurmel und ging bald hierhin, bald dorthin, ohne daß ich ahnen konnte warum. Genug, die Gasse vor meiner Wohnung war leer, aber nur auf kurze Zeit, denn bald kam eine kleine Schaar, die ich auf 15 schätzte, und hielt vor meinem Tore. Diese beschloß ich, einzulassen, denn ich war weit entfernt, frei bleiben zu wollen, während meine armen Pfarrkinder unter ihren Lasten erlagen, sondern ich wollte nur eine Anzahl haben, die ich auch bewirten konnte. Ich lief also mit einer Laterne in den Hof, um ihnen aufzumachen. Aber sie waren schon übergestiegen, hatten das Tor aufgeriegelt und empfingen mich mit einer Flut von Schimpfreden. Da hieß ich Metzgerhund, Schurke und dergl. mehr. Wie es aber zu geschehen pflegt, daß man in der Gefahr den Mut wieder bekommt, den man vor der Gefahr verloren hat, so hatte ich auch wieder ein Herz gefaßt.

»Wer untersteht sich«, rief ich ihnen mit starker Stimme auf französisch zu, »wer untersteht sich, mich einen Schurken zu nennen? – Kein Mensch hat das je gewagt. – Wie könnt Ihr es wagen?«

»Weil Sie Soldaten nicht empfangen, wie es sich gehört.«

»Weil Ihr nicht kommt, wie es sich für Soldaten gebührt.«

»Wie sollen wir denn kommen?«

»Geführt vom Richter oder von einem, den er mitschickt.«

»Ach, Herr Baron, wir bitten tausendmal um Verzeihung.«

»Ich bin kein Baron, ich bin nur Pfarrer. Nun zeigt mir Euren Quartierzettel.«

»Hier ist er.«

»Ihr gehört nicht zu mir, sondern zu meinem Nachbar dort drüben. Das ist aber ein ganz armer Schneider, der hat weder Heu noch Hafer, weder Brot noch Fleisch, weder Bier noch Branntwein, nicht einmal Platz für Euch, geschweige denn für Eure Pferde. Ich habe das alles und will Euch behalten, aber unter zwei Bedingungen.«

»Bitte, nennen Sie uns dieselben, Herr Pfarrer.«

»Erstens, daß Ihr weiter niemand hereinlaßt.«

»Seien Sie ohne Sorge, das ist unser eigener Nutzen.«

»Und zweitens, daß Ihr Euch gut betragt.«

»O, mein lieber Herr,« erwiderte der Wachtmeister, »Sie sollen gute Kinder an uns haben.«

So zogen denn meine Männer ein, 14 an der Zahl, ein Wachtmeister, ein Korporal und 12 Gemeine. Sie schlossen flugs das Tor und stellten einen Posten mit gezogenem Säbel an die offen gelassene Pforte, um sich das Ansehen zu geben, als lägen hier vornehme Offiziere, und um alle abzuweisen, die noch herein wollten, deren nicht wenige waren, besonders von den später angekommenen Infanteristen.

Nachdem ich den Reitern Stallung angewiesen, meinen Heustall preisgegeben und streng verboten hatte, mit offenem Lichte umzugehen, zeigte ich ihnen einen Sack Hafer, mit der Bemerkung, daß es mein einziger und letzter sei, und daß es unmöglich sein würde, mehr davon zu beschaffen. Der Wachtmeister, ein gesetzter und verständiger Mann, versicherte mir, daß er streng auf Vorsicht mit den Laternen und Sparsamkeit in der Fütterung sehen werde. Als dies abgetan war, kamen die Reiter ins Haus, wohin wir schon vorher zwei Kranke gebracht hatten. Die Bitte der anderen um einen Imbiß wies ich mit der Bemerkung ab, daß wir zuerst für die armen Kranken sorgen müßten. »Sie haben sehr recht, Herr Pfarrer,« war ihre Antwort, und so fragte ich denn diese Kranken, was sie wünschten. Ein wenig verdünntes Pflaumen- oder Apfelmus, welches ihnen der Wachtmeister verordnete, ward ihnen sogleich vor ihre Betten gebracht. Der eine, ein junger Mensch von 20 Jahren, war durch die Strapazen bis zur Ohnmacht erschöpft, der andere war ein älterer Mann und durch den Lanzenstich eines Kosaken schwer in der Seite verwundet, so daß man seinen Tod befürchtete und der Wachtmeister ihm einige Stückchen Gold in die Weste nähte. Das Vesperbrot, und noch mehr das Abendbrot, das meine kluge und unermüdliche Frau bereitet hatte, der Leipziger Tabak und das Erlanger Bier dazu mundete ihnen vortrefflich. »Das ist ganz wie das Brüsseler Bier,« war ihre Bemerkung. Da ich sah, welch ein ernster Mann der Wachtmeister war, so griff ich sie bei der Ehre an, ließ gutes Tischzeug und silberne Löffel auflegen und sagte, als ich es tat:

»Ich gebe Euch mein wenig Silberzeug her, in dem Vertrauen, daß ich es mit Männern von Ehre zu tun habe.«

»Sie sollen sich nicht irren, Herr Pfarrer,« antworteten sie.

Als der Wachtmeister mit einem Gemeinen auf die Wache gezogen war, und wir anderen beisammen saßen, denn sie ließen mich nicht fort, fragte der Korporal, was man in der Zeitung läse, und wie die Dinge ständen.

»Mein Lieber,« entgegnete ich, »ich rede immer nur die Wahrheit, und die wird Euch vielleicht nicht recht sein.«

»Nein, nein, Wahrheit, nichts als Wahrheit.«

»Nun, so muß ich Euch denn sagen,« fuhr ich fort, »daß die Verbündeten bedeutend stärker sein sollen als Ihr, daß sie voll Mut sind, voll Kampfbegierde, daß sie viele gediente Soldaten haben und für ihr Vaterland kämpfen, daß Ihr viele junge und ungeübte Soldaten habt, und daß Ihr nur für Eroberungen kämpft. Aber freilich wird Napoleons Genie alles zu ersetzen wissen.«

»Jawohl,« erwiderte er, »wir haben viele ungeübte Soldaten, wir haben welche gesehen, die nicht wußten, an welcher Seite sie aufs Pferd steigen sollten. Aber der Kaiser hat nur auf uns gewartet, es gibt keine Reiterei in Europa, welche uns die Spitze bieten könnte.«

»Das mag sein. Aber wieviel seid Ihr?«

»Acht Regimenter.«

»Und wie stark das Regiment?«

»400 Mann.«

»Nicht mehr? Das macht zusammen 3200 Mann, und das ist viel zu wenig.«

»Nun, Sie werden schon sehen, wenn wir in die Reihen treten.«

»Nun ist es aber an Euch,« fuhr ich fort, »mir etwas zu erzählen, denn Sie müssen viel erlebt haben, Herr Korporal.«

»Jawohl,« war seine Antwort, »denn ich bin 28 Jahre alt und schon 8 Jahre Dragoner, ich bin in Portugal und Spanien gewesen.«

»In Portugal? Wie ist es Ihnen denn dort ergangen? Es waren ja keine Portugiesen mehr darin.«

»Wir mußten freilich Knecht und Magd sein, aber es war Überfluß auf Böden, in Kammern und Kellern. Wir sind auf die Jagd nach Portugiesen gegangen, wir haben auch welche erwischt, wir haben gepeitscht, gestochen, gebrannt.«

»Und warum das alles?«

»Damit sie ihr Gold und Silber entdecken sollten. Wir haben die Bäume und Lauben in ihren Gärten umgehauen, und sie werden 20 Jahre brauchen, ehe sie wieder Schatten haben.«

Die Erzählung dieser Unmenschlichkeiten mußte ich anhören, ohne etwas darauf erwidern zu dürfen als: die armen Portugiesen!

Unter solchen Gesprächen war es spät geworden, eine gute Streu mit Kissen wurde zurecht gemacht und zu Bett gegangen. Die ganze Nacht war ruhig. Am anderen Morgen kam der Wachtmeister von der Wache, bat höflich um Kaffee, um sich zu ermuntern, stellte dieselben Fragen wie der Korporal und erhielt dieselbe Antwort. Die seinige lautete aber anders: »Ich will Ihnen etwas sagen! In vier Wochen werden wir am Rhein sein; die Rache der Völker, die wir überwunden, zertreten und ausgeplündert haben, wird über Frankreich herfallen, um eine Wüste daraus zu machen, und das abzuwenden ist der einzige Grund eines rechtschaffenen Franzosen, die Waffen zu tragen.« Das war also mein dritter Kriegsprophet, und er hat ebenso wahr prophezeit, als die beiden früheren. Zu unserem Schrecken sagte er, daß sie fünf Tage hier bleiben würden. Aber er hatte es kaum gesagt, als zum Satteln geblasen wurde. Um 10 Uhr vormittags zogen sie ab und nahmen von Hafer, Hühnern, Enten und Gänsen noch mit, was sie erwischen konnten. Wie wir hörten, haben diese tüchtigen Leute ihr Leben bei Wachau teuer verkauft und fast alle verloren. Während sie noch hier waren, kamen 200 Italiener und mußten eine starke Lieferung an Pferdefutter erhalten; es grenzte an ein Wunder, wie mein armes Kirchspiel noch allen Forderungen Genüge leisten konnte, wie wir nicht alle als Bettler entflohen sind. Am Nachmittag fingen Kosaken und österreichische Husaren an durch das Dorf zu reiten.

Das Reitergefecht bei Lieb
Gemälde von Ernst W

witz am 14. Oktober 1813.
raßberger (1796–1866)

Der 13. und der Vormittag des 14. waren ruhig, aber am Nachmittage hörten wir Kanonendonner, wie die Leute meinten, bei Liebertwolkwitz und Wachau. Am 15. holten Russen und Österreicher Lebensmittel und Futter, aber in geringeren Mengen; die Kosaken nahmen vier gute Pferde weg. Der Mangel an Branntwein setzte uns in Verlegenheit, denn alle fragten danach, besonders die Kosaken.

Am 16. Oktober hörten wir heftiges Schießen aus Kanonen und Gewehren, und wie wir hörten, war das die große Rekognoszierung des Oberfeldherrn, des Fürsten von Schwarzenberg, wodurch er die teils in der Stadt, teils in den Wäldern verborgenen Franzosen nötigen wollte, ihre Streitkräfte zu entwickeln, um ihre Stärke beurteilen zu können. Kosaken und Ungarn holten Lebensmittel und Futter und nahmen, was sie fanden.

Am 17. hörten wir kein Schießen, aber eine Menge Nachzügler plünderten in den Häusern und auf den Gassen und erpreßten vom Richter, was sie konnten. Am 18. begann die große Völkerschlacht, deren eigentliches Feld zwar nicht bis zu uns reichte, von der wir aber doch auch einen gehörigen Teil zu kosten bekamen. Es lagerten sich nämlich eine starke Anzahl Österreicher, die ich auf 6000 Mann schätzen hörte, neben unserem Orte nach Westen zu, nach unserem Dafürhalten, um die Franzosen zu hindern, wenn sie von Kleinzschocher her die Verbündeten umgehen und ihnen in den Rücken fallen wollten. Sie wurden kommandiert von einem General Czollich, zum Korps des Feldmarschalls Gyulai gehörend; er war, wie man erzählte, ein Kroat von Geburt, und ein langer, stattlicher und gutmütiger Mann.

Diese Leute plünderten nicht, weil der General gute Manneszucht hielt, auch brauchten sie kein Pferdefutter, da es lauter Infanteristen waren; aber ihre Ernährung war sehr schwierig. Brot und Salz, Bier und Branntwein konnten wir ihnen nicht geben, weil wir nichts davon hatten. Aber Gemüse gab es genug auf dem Felde, und Fleisch mußten wir ihnen liefern, einmal 13 Kühe an einem Tage, darunter meine letzte, ein Prachtexemplar und unsere liebe Ernährerin, die wir mit großem Bedauern fortführen sahen.

Die Österreicher und Franzosen trieben einander hin und her, nahmen und verloren das Dorf drei Tage hintereinander…

Am 18. vormittags flogen einige Kanonenkugeln durch das Dach der Kirche, und dies setzte meinen sehr furchtsamen Lehrer derartig in Schrecken, daß er mich flehentlich bat, mit ihm aus der Kirche zu gehen. Aber wohin? »Nun, ich will Sie schon führen«, war seine Antwort. Als wir aber die Kirchgasse hinuntergingen, pfiffen Flintenkugeln über unsere Köpfe hinweg, ohne daß wir Soldaten sahen, die wahrscheinlich auf beiden Seiten hinter den Lehmmauern verborgen lagen. In der Wassergasse flogen uns aber die Kugeln vom Ufer her gerade entgegen, so daß die Kinder auseinanderstoben und sich auf die Erde und in Winkel kauerten; wir Erwachsene wußten nicht, wohin wir uns wenden sollten. Da kam ein Bote von dem Pächter des Ritterguts, der mir eine Zuflucht in seinem Keller anbieten ließ. Eiligst begaben wir uns dahin und fanden wohl 50 Frauen und Kinder, ihn selbst, den guten Mann, aber mitten unter ihnen auf einem Bund Stroh sitzen. Er zeigte mir ein um sein krankes Knie gebundenes Taschentuch als den einzigen Rest seiner Wäsche und einen Kupferdreier als den einzigen Rest seiner Barschaft. Um den Schrank, wo er seine Papiere verwahrte, vor Plünderung zu schützen, hatte er sich eine österreichische Schutzwache erbeten, die aus drei Ungarn bestand, und diesen 50 Taler gegeben. Aber diese hatten kurz vor ihrem Abzuge den Schrank mit Äxten aufgehauen, alle Papiere herausgerissen und auf die Dielen gestreut. Als wir, nachdem wieder Ruhe eingekehrt war, diese Papiere durchsuchten und ordneten, fanden wir alles Papiergeld, welches die Ungarn nicht gekannt hatten, wieder, im ganzen 700 Taler.

Gegen vier Uhr nachmittags, als wir auf dem Oberboden des Schlosses waren, sahen wir auf der Seite von Schönau eine große Menge Soldaten ziehen, ohne alle Ordnung, auf der Straße und über die Felder hin. Wir konnten nicht erraten, zu welcher Partei sie gehörten, noch welche Absicht sie hatten, erfuhren aber später, daß es Franzosen waren, welche, ihre Niederlage begreifend, sich der Engpässe bei

Weißenfels zu bemächtigen eilten. Es war das Korps Bertrand,[20] das von Napoleon vorausgeschickt war, um die Rückzugsstraße frei zu halten. Der Kanonendonner dauerte ununterbrochen fort und war ganz anders als in anderen Schlachten. Bei Saalfeld, bei Jena und bei Lützen hörte man die einzelnen Batterien feuern, und zwischen dem Feuern der einen und dem der anderen war eine kurze oder längere Pause. Hier aber gab es keine Pause, sondern man war wie zwischen den Stampfen einer Ölmühle, weil 1800 bis 2000 Feuerschlünde in unaufhörlicher Tätigkeit waren. Am 19. Oktober, an dem dieser Donner uns näher rückte, wankten Mauern und Wände, so daß man sich davon entfernen mußte, und viele Leute wurden so davon betäubt, daß sie sich kaum besinnen konnten, welche Tageszeit es war, um so mehr, da jetzt alles fehlte, wonach man die Tageszeit abteilt, Arbeiten, Geschäfte und Mahlzeiten.

An diesem Tage war uns noch ein trauriger Besuch zugedacht. Es kam nämlich ein starkes Geschwader polnischer Reiter hereingestürmt und schien noch eine gründliche Untersuchung in Häusern und Ställen anstellen zu wollen. Um aber sicher zu sein, erkundigten sie sich erst, ob Österreicher in der Nähe wären, und wandten sich glücklicherweise zuerst mit ihrer Frage an den mehr erwähnten Meister Fleck, welcher es ihnen glaubhaft zu machen wußte, daß der ganze Wald von Österreichern besetzt sei. Sie hatten dies kaum gehört, als der Anführer durch Pfeifen auf dem Finger seine Leute zusammenrief, die nun in vollem Laufe über das Feld sprengten, und zwar nach dem kleinen Dorfe Rehebach zu, wo sie den ganzen Schweinebestand, 80 Stück an der Zahl, geschlachtet und mitgenommen haben sollen.

Der immer stärker werdende und näherkommende Kanonendonner und das ebenfalls vernehmbar gewordene Kleingewehrfeuer gaben mir die Überzeugung, daß die Verbündeten Leipzig eingenommen und einen schweren, aber vollständigen Sieg gewonnen hätten, und erfüllten mein Herz mit einer an Entzücken grenzenden Freude.

(N. Henningsen, Aus den Kriegsjahren 1806 bis 1813)

IN DER SCHLACHT BEI MÖCKERN

Erzähler ist Johann Karl Hechel, geboren 1790 in Mahlenzien bei Brandenburg/Havel. Hechel stammte aus alter Dorfschulmeister-dynastie, erlebte nach dem Zusammenbruch des alten Preußen 1806/1807 den wirtschaftlichen Ruin der Familie, mußte den Besuch des Gymnasiums abbrechen, wurde Hütejunge und hatte mehrfach – ihm selbst unvergessen – als Heranwachsender unter den Drangsalen französischer Soldaten zu leiden. 1813 meldete er sich freiwillig zum Heeresdienst und gehörte seit August 1813 dem Yorckschen Korps an. Die »Feuertaufe« erfuhr er in der Schlacht von Wartenburg, als das Korps im Zuge des Rechtsabmarsches der Schlesischen Armee den Übergang über die Elbe erzwang. In der Folgezeit war er dann bei allen kriegerischen Auseinandersetzungen dabei und gelangte so bis nach Paris. Später wurde er den in Frankreich verbleibenden Kantonierungstruppen zugeteilt. Er machte den Feldzug von 1815 mit. Bei Waterloo wurde er so schwer verwundet, daß die Ärzte von vornherein auf jede Versorgung verzichteten. Entgegen allen Erwartungen genas er aber und konnte nach einem Lazarettaufenthalt von zehn Monaten in die Heimat zurückkehren. Gleich seinen Vorfahren wurde Hechel endlich Lehrer und unterhielt eine vielbesuchte Schule in Brandenburg.

Über die Schlacht bei Möckern finden sich zahlreiche Zeugnisse. Unser Bericht schildert nicht den entsetzlichen Kampf von Haus zu Haus, der allmählich den ganzen Ort in Schutt und Asche legte, sondern die Lage links neben dem Dorf Möckern.

Lange durften wir uns in der guten Stadt Halle nicht aufhalten, obschon sie ein besonderes Interesse für mich hatte. Mein seliger Vater war nämlich einst Schüler des berühmten Waisenhauses[21] daselbst gewesen. Nach wenigen Tagen kam der Befehl zum Aufbruch. Wir sagten dankbar und beklommen unserer freundlichen Wirtin Lebewohl; denn wir wußten, daß es einer alles entscheidenden Schlacht entgegenging. Wir waren darauf gefaßt, aber doch schlug uns das Herz in banger Erwartung. Es war am 15. Oktober, als wir ausrückten. Noch vor Schkeuditz machten wir mit hereinbrechender Nacht halt und lagerten uns zu beiden Seiten der Stadt. Ich holte in der Dunkelheit Wasser aus einem nahen Teiche, um eine Mehlsuppe zu kochen. Als sie fertig war, mochte niemand davon essen, so modrig schmeckte sie. Am andern Morgen, als wir den Teich sahen, aus dem ich das Wasser geschöpft, ward uns das Rätsel gelöst. Er lag voll toter Pferde, Schafe und Leichname von Franzosen. Die Kavallerie war durchgeritten und hatte alles aufgerührt. So geht's im Kriege her. Gut, daß wir die Suppe weggossen, sonst hätte sie sich wohl heute noch im Magen umgewendet.

An diesen 16. Oktober werde ich Zeit meines Lebens denken. Als wir aufbrachen, ahnte ich nicht, daß ich am Abend mit so wenigen meiner Kameraden mich wieder zusammenfinden sollte. Wir marschierten anfangs auf der großen Straße nach Leipzig fort. Bei der Ziegelei von Lützschena bogen wir auf Lindenthal ab, und unsere 8. Brigade formierte sich zum Angriff auf das Dorf. Inzwischen geriet alles um uns her mehr und mehr in Bewegung. Alle Felder ringsum wimmelten von Truppen. Hasen liefen uns zwischen den Füßen durch und Offiziere ritten hinterdrein, um sie zu spießen. Es war 8 Uhr morgens. Ich bekam Appetit und kaufte mir von einer Marketenderin eine lose Semmel und ein »Ochsenauge« voll Schnaps, welchen Spitznamen ihr kleinstes Glas führte. Es war der erste und letzte Tropfen Schnaps, den ich während des ganzen Feldzugs getrunken habe. Es war aber auch das erste und letzte, was ich an diesem ganzen Tage genoß. Bis zum folgenden Mittag bekam ich keinen Bissen wieder in den Mund. Nicht einmal Mohrrüben fanden wir im Felde, so sehr wir auch danach suchten, um unseren Hunger und Durst nur einigermaßen zu stillen.

Jetzt kam Befehl, schneller vorzurücken. Ein neben uns reitender Adjutant fragte einen Husaren, der uns entgegenkam: »Wo stehen die Franzosen?« Er gab zur Antwort: »Hier vor uns werden sie wohl stehen.« »Werden sie wohl!« fuhr ihn der Adjutant an, »Herr, Sie müssen solange reiten, bis die Franzosen auf Sie schießen; dann kehren Sie um und sagen: Hier stehen sie!« Der Husar jagte zurück. »Paff, paff!« knallte es bald ihm entgegen, und er riß sein Pferd herum. Nun konnte er gewissern Bescheid bringen. Es mochte 9 Uhr sein. Drei Schüsse aus schwerem Geschütz verkündeten den Beginn der Schlacht. Der Kanonendonner von 2000 Feuerschlünden durchbrüllte das Feld, und die Erde erbebte. Unser Major von Krosigk sprengte vor die Front und redete uns mit folgenden Worten an: »Wakkere Kriegsleute! Die Stunde schlägt, rüstet euch zum Streit. Ihr alle kämpfet für *eine* Sache, für die Freiheit Europas. *Alle* für *einen*, jeder für alle. Mit diesem Feldgeschrei eröffnet den heiligen Kampf. Wir wollen das Dorf hier vor uns mit Sturm nehmen.«[22] Er hatte sich dies vom Kommandierenden ausdrücklich ausgebeten. Wie das Dorf hieß, weiß ich nicht mehr.[23] Nur das ist mir noch erinnerlich, Möckern und die Ziegelei lagen etwas rechts dahinter.

Vor dem Dorfe befand sich ein Teich. Der Major ritt durch, und wir folgten, bis ans Knie im Wasser watend. Die Franzosen rissen aus, sobald sie uns zu Gesicht bekamen. Wir stutzten und durchsuchten sogleich die Scheunen und Ställe, ob uns nicht etwa ein Hinterhalt gelegt wäre, fanden aber keinen Feind. Mitten im Dorfe sprengten Panzerreiter[24] auf uns zu; als wir aber ein Karree[25] bildeten, machten sie wieder kehrt. Nun gingen wir über den Kirchhof. Die Einwohner des Dorfes kamen uns aus der Kirche zitternd und bebend entgegen. Hinter dem Kirchhofe fanden wir einen Graben, an dem wir aufmarschierten. Neben uns hielt unser Major und beobachtete den Feind. »Füsiliere,[26] werft euch nieder!« kommandierte er plötzlich, »sie werden den Augenblick schießen.« Sie schossen aber nicht. Wir marschierten weiter vorwärts und blieben dann, vom schrecklichsten Kanonenfeuer umbrüllt, bis gegen Abend auf freiem Felde stehen. Manche Granate stäubte uns auseinander und streckte hier und da einen zu Boden. Eine Kugel riß dem Major den Sattelknopf weg, doch, obgleich das Pferd darüber wild zu werden anfing, strich er sich gelassen den Bart und sagte: »Seht, Füsiliere, da hätten sie mich bald erschossen, aber sie sollen mich nicht treffen.«

Gegen Abend kamen plötzlich Generale und Adjutanten auf uns losgesprengt, schwenkten die Hüte und riefen: »Alles mit Sturm! Alles mit Sturm!« Nun setzte sich der Major im Sattel zurecht und donnerte: »Ich kommandiere nicht eher Feuer, als bis ihr nur zehn Schritte entfernt seid. Wer dann schießt und trifft nicht, dem haue ich den Kopf herunter.« Wie aber die Trommeln in der ganzen Ebene den Sturmmarsch wirbelten und wir mit gefälltem Gewehre vorwärts liefen, hoben sich meine Haare wieder vor Entsetzen in die Höhe, und alle meine Glieder zitterten am Leibe. Ich wollte beten, aber der Wirrwarr war zu groß und wir liefen zu schnell – ich konnte nur seufzen. Die Franzosen sahen uns kommen und fingen an zu schießen, daß ich glaubte, wir müßten alle stürzen. Die Salven krachten, und unsere Leute fielen wie gemäht, aber noch war ich nicht im Bereich der Kartätschen.[27] Doch jetzt – ich fühlte meinen Nebenmann zur rechten Hand nicht mehr, und wie ich hinsah, war im selben Nu alles neben mir zerschmettert und zu Boden gestreckt. Da hörte ich den Feldwebel zu mir sagen: »Hechel, rücke heran!« was ich denn auch tat, und wobei mir die andern, die noch standen, folgten. Ich war von Blut und Gehirn der Zerschmetterten so bespritzt, daß ich kaum aus den Augen blicken konnte. Wie ich mir eben das Gesicht abwische, sieht mich mein Nebenmann plötzlich starr an, und ich ihn. Sein Mund stand offen, die rechte Backe war weggerissen, er fiel. Im Sturmschritt ging's weiter. Unsere Kanoniere schossen nun auch mit Kartätschen. Der Major jagte auf das feindliche Geschütz zu, hieb die Artilleristen von den Kanonen und wir nahmen die ganze Batterie. Nun ging's auf das dahinterstehende Karree los. Unser Major stürmte uns wieder weit voraus, hieb mit dem Säbel rechts und links um sich, sank aber, ehe wir herankommen konnten, von Bajonettstichen und Kugeln durchbohrt, vom Pferde. Wir sahen's und stürzten nach. Als wir ankamen, war das Karree schon wieder geschlossen, aber die Feinde zitterten am ganzen Leibe. Ich war vorgedrängt und stand dicht vor ihren Bajonetten, mußte aber erst einen Augenblick Luft schöpfen. Dann nahmen der Unteroffizier Böttcher und ich die Gewehre verkehrt, schlugen erst mit den Kolben die gefällten Bajonette von der Seite, und dann den Franzosen immer »patsch, patsch« ins Gesicht. Unsere Kameraden folgten dem Beispiele, und noch heute kann ich nicht begreifen, warum die Feinde so fest ineinandergedrängt standen und sich nicht wehrten. Sie ließen sich ohne Widerstand totschlagen, oder krochen mit den Köpfen unter die Toten. Dann schlugen wir sie aber auf das Kreuz, und obgleich sie baten: »Pardon, Kamerad!«, war doch unsere harte Antwort: »Nix Pardon!«, bis das ganze Karree niedergemacht war.

Jetzt erst traten wir zu unserem Major von Krosigk, der uns so tapfer geführt. Er lag auf dem Boden bleich und blutend, den Säbel fest in der Faust. Einige wollten ihn aus der Schlacht tragen, doch er sagte: »Füsiliere, laßt mich liegen, es ist aus mit mir. Geht und tut eure Schuldigkeit.« Darauf befahl er seine Seele Gott und starb. Neben ihm verschied auch sein tapferer Adjutant Honig, ein Rechtsgelehrter. Nun ging's auf das zweite Karree los. Als wir in der besten Arbeit waren, sprang ein französischer Doktor heraus, um davon zu laufen, aber Kamerad Busch, ein Schullehrersohn, der zu meiner Rechten focht, sprang nach und stach ihm sein Bajonett in die Seite, daß er fiel. Als Busch sein Gewehr an sich zog, blieb das Bajonett stecken. Da rief er: »Ach, nun habe ich kein Gewehr!« denn der Doktor, der gleich darauf starb, lag auf der Seite, wo das Bajonett stak. Ich sagte: »Hier liegen ja Gewehre genug, nimm dir doch ein anderes!« Er tat's, wir hieben wieder wacker drauf los und kamen an das dritte Viereck. Als wir uns noch mit demselben herumschlugen, schickte Blücher einen Adjutanten und ließ fragen, was das unsere für ein Regiment wäre. Wir antworteten: das zweite Brandenburgische. »Ach, sind's die braven Brandenburger?« rief der Adjutant, »Blücher läßt euch sagen, er wird sogleich Kavallerie schicken.« Wir fochten neu ermutigt weiter, aber welch ein Schreck! Von seitwärts rückten wieder zwei große Vierecke auf unsern blutenden Überrest los, und dahinter sprengte feindliche Kavallerie an. Den gewissen Tod vor Augen, sammelten nun auch wir uns zum Karree, entschlossen, unser Leben so teuer als möglich zu verkaufen. Wir hatten drei französische Fahnen erbeutet, die nahmen wir in unsere Mitte und wehrten uns nun durch Schießen so, daß ich fast taub von dem gewaltigen Krachen wurde.

General York hatte unsere Not bemerkt und sandte uns brandenburgische und litauische Dragoner. Die hieben die feindlichen Vierecke in Stücke, und die französische Reiterei jagte davon. Jetzt ritt der General an uns heran und rief uns voller Freude zu: »Euer Karree gehört unter die Sterne am Himmel!« Noch stand ein französisches Viereck in der Ferne. Von ihm abgesandt, kam ein Offizier auf uns zu und winkte mit einem weißen Taschentuche. Es war ein wilder Tag. Wir gaben und nahmen keinen Pardon. So nahmen wir auch jetzt keine Notiz von dem Friedenszeichen und antworteten mit Kugeln. Der Offizier fiel, sein Karree entfloh. Viele retteten sich im nahen Walde; doch keinem, den wir erreichen konnten, schenkten wir das Leben. Endlich brach die Nacht herein. Die letzten Kanonen donnerten bei Lindenau, wo der Feind sich hinter Dämmen und Gewässern des Sturmes erwehrt hatte. Hin und wieder ging noch ein Geschütz los, und die Schlacht endete in dem immer schwächer werdenden Röcheln der Verwundeten und Sterbenden. Die Flammen von acht rings um uns brennenden Dörfern und die hoch auflodernden Wachtfeuer waren die Fackeln, die den weiten, schwarzen Totensaal erleuchteten.

Unsere elfte Kompanie zählte am Morgen des 16. Oktober 210 Mann, und am Abend waren wir noch unser acht. Am folgenden Tag fanden sich noch etliche Versprengte wieder ein, so daß wir's bis auf 15 Mann brachten. In dieser Nacht, die dem schrecklichsten aller Tage folgte, kam ich nicht viel zur Besinnung. Das Stöhnen, Wimmern, Schreien und Röcheln um mich her wollte gar kein Ende nehmen. Und als es Tag ward, gingen mir vollends die Augen über. Fast alle meine guten, treuen Kameraden waren dahin. Ich mußte auf die Seite gehen und mich satt weinen. War's mir doch, als ich alles dieses Elend übersah, als müßte ich an der Barmherzigkeit Gottes verzweifeln, und doch hatte gerade ich die Güte des Herrn so wunderbar im Wetter der Schlacht erfahren.

(N. Henningsen, Unter Blücher nach Frankreich hinein)

DER WEG EINES VERWUNDETEN

Nachstehender Bericht gehört zu den ausführlichsten Beschreibungen, die sich vom Einzelschicksal verwundeter Soldaten aus den Tagen der Leipziger Schlacht erhalten haben. Verfasser ist Herman von Roeder, zum Zeitpunkt des Geschehens noch keine 17 Jahre alt und Leutnant bei den schlesischen Füsilieren. Roeder kam aus einer preußischen Offiziersfamilie (drei seiner Brüder fielen im Kampf gegen Napoleon) und hatte seit dem Auszug im März mitgefochten bei Großgörschen und Bautzen, bei Dresden, Nollendorf und zuletzt bei Wachau am 16. Oktober. Hier wurde er verwundet und verlor fast den ganzen linken Arm. Er gab daraufhin 1814 die Offizierslaufbahn auf und wandte sich dem Studium der Forstwissenschaften zu. Als jedoch 1815 Napoleon aufs neue in Frankreich erschien, hielt es auch Roeder nicht länger auf der Universität, und nach einigem Drängen durfte er den neuen Feldzug in der Stellung eines Adjutanten mitmachen. Er verblieb nunmehr im Heeresdienst und starb als preußischer Generalmajor 1857.

Daß damals der junge Roeder nach der Verwundung – obwohl er 30 Stunden und etwa 40 Kilometer unterwegs war, ohne auch nur einmal ordentlich verbunden zu werden – doch das Leben behielt, verdankte er neben seiner zähen Natur hauptsächlich wohl zwei glücklichen Umständen: einmal seinem treuen Begleiter, dem »Schützen«, und zum anderen der Protektion seines einflußreichen Onkels, des Herzoglichen Geheimen Rates in Altenburg, der im rechten Augenblick wirksam werden konnte. Das Übliche war eine solche Rettung nicht. Ihr steht das Schicksal Tausender und aber Tausender Verwundeter gegenüber, die, schlecht oder gar nicht versorgt, elend zugrunde gingen und in einem der zahlreichen Massengräber ihr Ende fanden. Doch davon Näheres an späterer Stelle.

Unsere Leute lagen ziemlich gedeckt in einem Graben. Wir Offiziere aber standen ganz frei, dienten daher dem Feinde als Zielscheibe, so daß dann auch bald der Leutnant v. Fircks mit mehreren Offizieren vom 6. Regiment neben mir verwundet wurde. Besonders hatte ein Chasseur[28] auf einem ganz weißen Pferde mich auf das Korn genommen. Er kam in die feindliche Schützenlinie vorgesprengt, schoß aus seinem Karabiner auf mich, so daß die Kugeln stets dicht an mir vorbeisausten, ohne daß meine Leute ihm etwas anhaben konnten. Sobald er abgeschossen, sprengte er hinter eine Höhe, sobald er von neuem geladen hatte, kam er wieder hervor und schoß. Endlich traf er mich in den linken Unterarm. Ich fühlte nur einen heftigen Schlag und einiges Brennen, so daß ich glaubte, der neben mir stehende Hornist habe mich mit seinem Horn gestoßen. Dieser sah jedoch bald, daß ich blutete. Es wurde daher das Verbandzeug aus dem Tschako genommen, und der Hornist, der ein Barbier war, verband mich. Da aber der Arm mehr und mehr abstarb und ich ihn nicht mehr bewegen konnte, hing ich ihn in mein Schnupftuch, das ich um den Hals schlang.

Da meine Schützen fortwährend im Gefecht gewesen, auch schon einmal durch andere Züge abgelöst waren, so war die Munition mit der Zeit verbraucht, was ich zurückmelden ließ. Ich erhielt nun den Befehl, mit meinen Leuten zurückzukommen. So gegen 5 Uhr nachmittags traf ich auf dem rechten Flügel des zweiten Treffens[29] unsere Kompagnien. Ich war an diesem Tage der einzige Offizier bei der (3.) Kompagnie. Denn der die Kompagnie führende Leutnant Graf Roedern hatte gleich zu Anfang der Schlacht einen Prellschuß auf die Brust bekommen, so daß er zwar bei der Kompagnie verbleiben, aber keinen Dienst tun konnte. Wir Offiziere von beiden Kompagnien standen vor unsern Leuten und unterhielten uns. Ich wendete mich gerade etwas um, dem Hauptmann v. Thümmel zu, der mir einen Befehl erteilte, und steckte mit der Rechten meine Pfeife in die Rocktasche. Da kam eine Kanonenkugel hergeflogen, riß mir das umgehangene Schnupftuch, in dem mein linker Arm hing und alle Kleider auf der Brust entzwei und zerschmetterte mir den linken Arm dicht über dem Ellenbogengelenk. Durch den Luftdruck verlor ich die Besinnung, so daß ich nichts von meiner Verwundung fühlte. Nach Aussage meiner Kameraden hatte ich mich einige Male um mich selbst gedreht, war zusammengestürzt, aber bald wieder aufgesprungen, da mir die Besinnung wiederkam. Mein zerschmetterter Arm hing herunter, so daß ich ihn mit der rechten Hand aufnahm. Wie ich meinen Zustand erkannte, kam ich zu der Überzeugung, daß für mich keine Rettung sei. So ergab ich mich in Gottes Willen. Nachdem ich herzlichen Abschied von meinen Kameraden und Leuten genommen, diese auch ermahnt hatte, tapfer für König und Vaterland weiter zu kämpfen, ging ich von zwei Schützen geführt, zurück, um den Verbindungsplatz aufzusuchen. Bald fand ich auch unsern Bataillonsarzt Nissen, der mich untersuchte, was mir fürchterliche Schmerzen machte. Bald eröffnete er mir, daß an einen Verband nicht zu denken sei. Mit Tränen in den Augen nahm er von mir seiner Überzeugung nach für immer Abschied.

Ehe ich diesen Verbindungsplatz erreicht hatte, kam ich noch in Gefahr, von der sächsischen Kavallerie, die unser Treffen durchbrochen hatte, sich hinter ihnen von neuem formierte und nun von hinten abermals gegen die Brigade losritt, niedergeritten oder -gehauen zu werden. Trotz meiner schweren Verwundung lief ich aber, was ich konnte und kam noch glücklich um den linken Flügel der Reiter herum. Ich litt sehr und verlor viel Blut. Da mir die Kleidung auf der linken Seite ganz heruntergerissen war, und die vorhandenen Lappen ganz mit Blut durchtränkt waren, ich also auch stark entblößt war, so glaubte ich, meine Schmerzen kämen besonders durch den Einfluß der Abendkälte des rauhen Herbsttages. Ich ließ daher Brände von Feuern, die ich auf meinem Wege traf, an meine Wunde halten, um diese und mich zugleich zu erwärmen.

Meinen Weg nahm ich dann auf das Dorf Cröbern zu, in dem sich, wie man mir sagte, ein Feldlazarett befinden sollte. Als ich mich diesem Dorfe näherte, bemerkte ich bei der unweit der Straße auf einem Hügel aufgeworfenen

Lazarettbaracke in der Umgegend von Leipzig.
Federzeichnung von E. W. Straßberger

Schanze, bei der wir den 14. und 15. Oktober biwakiert hatten, ein großes Gefolge. Es waren, wie ich später erfuhr, die beim Heere anwesenden drei Monarchen mit ihrer Umgebung. Ein Offizier kam vom Hügel herunter auf mich zugeritten, der mir, als er meinen Zustand erkannte, seine innige Teilnahme aussprach und mich fragte, ob er mir mit irgend etwas dienen könnte. Ich dankte und versicherte, daß mir nichts mehr nützen könne, da ich wohl nur noch kurze Zeit zu leben haben würde und Gott nur bitten könne, meinen Leiden bald ein Ende zu bereiten. Der Offizier frug nach meinem Namen, und rief, als er ihn vernommen, ganz erschrocken aus: »Mein Gott, doch nicht von der Familie Roeder, von der schon mehrere geblieben und schwer verwundet sind?« Ich sagte ihm, daß ich allerdings ein Sohn dieses Hauses und der jüngste der fünf Brüder sei, die zu Anfang des Feldzuges mit ausmarschiert seien. Da ich ihm wiederholt versicherte, daß für mich nichts mehr zu tun sei, und daß ich überzeugt sei, wie ich nur noch kurze Zeit zu leben habe, so nahm er tief erschüttert Abschied von mir, indem er sich mir als der Flügeladjutant des Königs, Graf Stolberg, vorstellte, den Se. Majestät der

König, der mich von seinem Standpunkt gesehen und als preußischen Offizier erkannt hatte, abgeschickt habe, sich nach mir zu erkundigen und zuzusehen, was für mich getan werden könnte.

Endlich erreichte ich Cröbern. Meine Kräfte waren durch Schmerzen und Blutverlust ganz erschöpft, so daß ich nicht weiter konnte, sondern in das erste kleine Haus, eine Tagelöhnerwohnung, ging, in dem sich nur eine Stube befand. Hier lagen auf dem Fußboden mehrere verwundete Russen, die schrecklich jammerten. Ich setzte mich auf eine Bank, legte auf den davorstehenden Tisch meinen zerschmetterten Arm und stützte meinen Kopf auf die rechte Hand. Der mich begleitende Schütze ging weg, einen Arzt zu suchen. Während er abwesend war, war ich eingeschlummert und hatte dabei die schönsten Träume. Ursache dazu gab wohl heftiger Blutverlust, den ich von neuem erlitt, denn als er wiederkam, und zwar, ohne einen Arzt gefunden zu haben, kostete es ihm viel Mühe, mich zu ermuntern. Vielleicht wäre ich auch hier still in die Ewigkeit hinübergegangen, hätte man mich nicht gezwungen, mich noch einmal aufzuraffen. Jedenfalls saß ich in einer großen Blutlache, als ich wieder zu mir kam.

Mir blieb nichts übrig, als, so gut es eben gehen wollte, mich wieder auf den Weg zu machen, um Altenburg zu erreichen. Dicht hinter Cröbern mußten wir auf einem langen hohen Damm gehen, auf dem gerade die preußischen Garden im Vormarschieren begriffen waren. Nur mit Mühe konnte ich mich durchwinden, wurde aber trotz aller Vorsicht einige Male von dem Damme heruntergedrängt. Dabei begegnete ich auch dem Garde-Jägerbataillon und der Feldwebel Dietrich, der mich von der Kriegsschule in Breslau her kannte, weil ich dort der zweiten Kompagnie dieses Bataillons zugeteilt gewesen war, kam zu mir heran, sprach mir seine Teilnahme aus und bot mir von seinem Schnaps an, was ich auch dankbar annahm, da mich grenzenloser Durst quälte, ich auch einer Ohnmacht vorbeugen wollte. Nachdem ich dann noch eine Strecke zurückgelegt hatte, waren meine Kräfte zu Ende und ich brach bewußtlos auf dem Wege nieder.

Als ich wieder zu mir kam, hörte ich heftiges Streiten. Als ich fragte, was los sei, antwortete mir eine Stimme: »Der verfluchte Pflasterkasten will mir den Wagen nehmen, den ich für unsere Blessierten besorgt habe. Ich bin der alte Unteroffizier Mende vom Füsilierbataillon 2. Schlesischen Regiments. Herr Leutnant, Sie kennen mich ja!« Glücklicherweise verblieb der Wagen dem Unteroffizier, auf den mich dieser nun auch bettete. Neben mir lag ein durch den Leib geschossener Soldat, und zu unsern Füßen befanden sich einige leichter Verwundete. Mich plagte noch immer der brennendste Durst. Der Schütze, der mich begleitete, mußte mit seinem Kochgeschirr aus allen Pfützen, auf die wir trafen, schöpfen, was ich mit großer Gier verschlang. Trotz der einbrechenden Dunkelheit sah ich, daß die Garde-Kosacken-Schwadron vorüber marschierte.[30] Ich beauftragte meinen Schützen den Namen Mens zu rufen. Es war das der Name eines mir sehr lieben Schulfreundes von Öls[31] her, der bei den Garde-Kosacken stand. Bald kam dieser auch zu mir an den Wagen geritten und war tief bewegt, mich in meinem erbärmlichen Zustande zu finden. Ich bat ihn, meinen Eltern und Geschwistern meinen letzten Gruß zu bestellen, denn ich war fest überzeugt, daß mein Ende nahe sei. Auch an seine Eltern und Geschwister trug ich ihm Grüße auf, da ich in seinem Elternhause zu Öls unendlich viel Liebe genossen hatte. Nur zu bald mußte er mich wieder verlassen und unter bitteren Tränen nahm diese treue Seele Abschied von mir, wie wir beide glaubten, für dieses Leben. Unsere Fahrt wurde nach Borna fortgesetzt, wo wir gegen Mitternacht eintrafen.

Schon die Vorstadt von Borna war mit Wagen voll Verwundeten so angefüllt, daß wir nicht weiterfahren konnten. Mein Zustand hatte sich auch derartig verschlimmert, daß mein Schütze nur wünschte, mich irgendwo unterzubringen, damit ich ruhig sterben könne. Ich wurde daher in ein ganz kleines Haus gebracht, vor dem wir gerade hielten. Es gehörte einem Schlosser. Unten links war eine kleine Stube, in der sich bereits drei verwundete Offiziere von der Schlesischen Landwehr befanden. Da weder Betten noch Stroh für mich vorhanden waren, so wurde ich auf die Erde gelegt und mein Schütze gab mir seinen Tornister unter den Kopf. Für meinen Durst, der mich entsetzlich quälte, bereitete mir mein Schütze eine Limonade, die mich recht erquickte. Die neben mir auf Stroh liegenden Landwehroffiziere waren nicht schwer verwundet. Sie genossen Sauerkraut und Wurst, wozu sie Schnaps tranken. Der neben mir liegende Kamerad, ein Mann ohne jede Bildung (er war ein Färber), forderte mich auf, mit ihm zu essen und zu trinken. »Denn«, so meinte er, »mit Ihnen ist es ja doch bald vorbei. Genießen Sie daher noch, was Sie können«. Ich bat ihn ernstlich, mich in Ruhe zu lassen, da ich jeden Augenblick meinem Ende entgegensähe.

Die Nacht brachte ich ohne Schlaf oder in Fieberphantasien zu. Frühmorgens ging mein Schütze aus, einen Arzt zu suchen, da ich immer noch ohne Verband war. Er kam auch bald mit einem österreichischen Chirurgen an. Als dieser mich besehen hatte, sagte er: »Schau'n S', wenn ich auch noch die Toten verbinden sollte, da hätte ich viel zu tun.« Als ich ihm erwiderte, daß ich ja doch noch am Leben sei, bemerkte er: »Schaun's, müssen halt doch bald sterben. Rettung ist bei dieser Wunde ganz unmöglich«, und damit verließ er mich.

Meinen Schützen schickte ich nun aus, womöglich einen Wagen zu besorgen, der mich nach Altenburg bringen könne. Zugleich wies ich ihn an, mich, wenn ich Altenburg noch lebend erreichen sollte, zuerst in ein Lazarett zu bringen, dort mich erst umzuziehen und zu reinigen (die Bagage unseres Bataillons war nämlich in Altenburg). Denn ich war von oben bis unten mit Blut bedeckt, meine Kleidung war auf der linken Seite ganz zerfetzt, dazu auch von Ungeziefer bevölkert. Dann erst, wenn ich gereinigt sei, wollte ich zu meinen Verwandten gebracht werden. Den Namen meines Onkels sagte ich nicht, damit man mich nicht in meinem gegenwärtigen, noch nahezu bewußtlosen Zustande hinbrächte.

Er kam auch nach langem Suchen mit einem Bauerwagen an, auf dem Stroh lag. Es wurden erst die drei Kameraden von der Landwehr darauf untergebracht. Während ich so einige Zeit ganz allein in der Stube lag, drangen russische Soldaten zu mir, untersuchten meine Taschen, und nahmen mir meine Pfeife, die ich noch vom seligen Ferdinand hatte, mein Schnupftuch und andere Kleinigkeiten, trotzdem ich lebhaft auf russisch schimpfte. Mein bischen Geld, das ich noch hatte, war glücklicherweise so verborgen, daß sie es nicht fanden. Als ich nun endlich auf den Wagen gebracht wurde, fiel ich in eine so tiefe Ohnmacht, daß man glaubte, ich sei gestorben. So trug man mich wieder in die Stube zurück. Dort aber kam ich wieder zur Besinnung und man brachte mich abermals auf den Wagen, was mir die fürchterlichsten Schmerzen verursachte.

Nun ging endlich die Fahrt nach Altenburg vor sich. Ich lag während dieser Fahrt fast stets besinnungslos, erinnere mich aber doch, daß wir gegen Abend in Altenburg anlangten. Hier wurden die drei Landwehroffiziere zu dem Geheimrat v. Mühlen gebracht, und mich wollte mein Schütze meiner Anweisung gemäß in das Lazarett schaffen. Während er nun bei dem Wegbringen der drei Landwehroffiziere mit beschäftigt war, erhob ich mich in meinem Fieberzustande und wollte vom Wagen über die Deichsel herabklettern. Dabei fiel ich zwischen die Pferde und blieb liegen. Man hob mich auf, trug mich auch in das Haus in eine Stube und legte mich dort auf den Fußboden. Das Fräulein v. Mühlen hatte oben vom Fenster aus mein neues Unglück mit angesehen, kam teilnehmend die Treppe herab und erkundigte sich nach mir. Mein Schütze nannte ihr meinen Namen, sagte auch, daß ich hier in Altenburg Verwandte habe, zu denen ich später gebracht sein wollte. Fräulein von Mühlen fragte nach meiner Heimat, und als sie hörte, ich sei aus Schlesien, kam sie darauf, daß wohl der Herzogliche Geheime Rat und Kanzler v. Trützschler mit mir verwandt sein könne, da er viele Verwandte in Schlesien habe. Er wurde nun sofort benachrichtigt, kam auch umgehend selbst. Sobald er mich nur durch sein Augenglas betrachtet hatte, rief er mit inniger Teilnahme aus: »Ach, das ist ja Herman v. Roeder!« Dieser Ausruf brachte mir die Besinnung soweit zurück, daß ich nach seiner Hand faßte und ihn bat: »Guter Onkel! Sind Sie es? Nehmen Sie sich meiner in den letzten Stunden meines Lebens noch an!« Tief ergriffen drückte mir dieser so ehrwürdige Mann die Hand und sagte: »Ja, mein Sohn, das werde ich tun.« Sein Wort hat er redlich gehalten, und so lange er lebte, ist er mir ein treuer, liebevoller Vater gewesen, in dessen Hause ich die glücklichsten und frohsten Tage meines Lebens verbrachte. Bald kam sein Sohn Franz mit einigen Leuten, die ein Sofa trugen. Man legte mich darauf, und so wurde ich in das Haus meines Onkels getragen. Als man mich die Treppe hinauf trug, rief mein Vetter Franz den Leuten zu: »Den Kopf zuerst!« In meinem Fieberwahne glaubte ich, man wolle mich in ein Grab legen, und rief ängstlich: »Ich lebe ja noch, begrabt mich doch noch nicht!«

Meine liebe, gute Tante, meine Kousinen Auguste und Julie und ein im Hause befindliches Fräulein v. Burkersrode empfingen mich an der Treppe, geleiteten mich in das für mich bestimmte Zimmer und sorgten dafür, daß ich vorsichtig auf das Bett gelegt wurde. Gleich wurden Ärzte gerufen, die aber, nachdem sie mich untersucht hatten, auf das bestimmteste erklärten, daß mir nicht mehr zu helfen sei, und ich die Nacht kaum überleben könne. Zu meiner Erleichterung und auch um den abscheulichen Geruch zu dämpfen, den meine Wunden, da sie schon brandig waren, erzeugten, wurden mir warme Kräuterumschläge verordnet. Diese Nacht wachte meine Kousine Auguste bei mir mit dem Sekretär Schack, der die Umschläge besorgte. Ich befand mich noch so, wie ich aus der Schlacht gekommen war, hatte sogar noch den Säbel umgegürtet, und, um mir unnötige Leiden zu ersparen, wurde auch an meiner Kleidung nichts geändert. In dieser Nacht soll ich viel phantasiert haben. Bald war es, als habe ich mich in der Schlacht befunden, weil ich heftig kommandierte, bald als wenn ich schon einen Blick in das Jenseits täte, weil ich ausrief: »Ach wie herrlich, wie wunderschön!«

Als am 18. Oktober frühmorgens der Stabsarzt Zimmermann ins Zimmer trat, fragte er meine am Bette sitzende Kousine Auguste, wann ich verschieden sei, und als er vernahm, daß ich noch lebe, sagte er: »Ach, das ist ein großes Unglück, daß der Arme sich noch so quälen muß! An Rettung ist ja nicht zu denken. Sollte er aber bis zum Nachmittag noch leben, wollen wir sehen, ob eine Amputation möglich ist.« Als der Stabsarzt am Nachmittage mit den nötigen Gehilfen wiederkam, und mich gerade bei Besinnung traf, fragte er mich, ob ich entschlossen sei, die Amputation meines linken Armes vornehmen zu lassen, wobei er mir aber zugleich eröffnete, daß nur wenig Hoffnung zu meiner Genesung vorhanden sei. Obgleich auch ich keine Hoffnung hatte, daß ich am Leben erhalten bleiben könnte, und mir gern die Schmerzen der Amputation erspart hätte, so gab ich doch meine Zustimmung dazu, um meinen Eltern die Beruhigung zu gewähren, daß wenigstens alles, was im menschlichen Vermögen lag, zu meiner Rettung geschehen wäre. Es wurde nun zur Amputation geschritten, die leider nur sehr langsam vor sich gehen konnte, da ich wiederholt in Krämpfe verfiel, und immer gewartet werden mußte, bis der Anfall vorüber war. Nach einer Stunde war endlich auch diese Marter überstanden und ich in ein in dem anstoßenden Alkoven befindliches Bett gebracht. Der abgenommene Arm wurde in eine Schachtel getan und von meinem Onkel Franz, dem Bruder des Ministers, im Garten unter einem Apfelbaum beerdigt.

Ich war nach der Operation ganz bei Besinnung, habe auch in den ersten 6 Wochen kein Auge zugetan. Neun Tage wurde ich nicht verbunden, nur wurde täglich der Tourniquet[32] etwas fester angezogen und der auf einem Kissen liegende Armstumpf fortwährend mit Chinadekokt[33] angefeuchtet. Der Geruch von dem an der Wunde befindlichen Brande soll schauderhaft im ganzen Hause gewesen sein. Die ersten Nächte wachte ein Kompagnie-Chirurgus bei mir, dem meine Kousine die Kotzebueschen[34] Komödien gegeben hatte, damit er in der Nacht wach bleiben möchte. Als er an ein Stück kam, das ihn sehr erheiterte, lachte er mehrmals ganz laut auf, was mir, der ich immer nur an mein Ende dachte, sehr lästig wurde. Den neunten Tag wurde der Verband zum ersten Male abgenommen, und die Entdeckung dabei gemacht, daß der Brand immer noch in der Wunde sei. Meine Erhaltung stand daher immer noch sehr in Frage. Jetzt wurde ich täglich neu verbunden, wobei wiederholt Stücke brandigen Fleisches entfernt werden mußten. Was ich dabei litt, ist nicht zu beschreiben. Erst nach Stunden erholte ich mich, sobald der Arzt mich behandelt hatte.

Gegen die Mitte des Dezembers wurde der Stabsarzt Zimmermann abgelöst und der Stabsarzt Gossa übernahm uns Verwundete in Altenburg. Als er meine Wunde sah, machte er ein sehr bedenkliches Gesicht und eröffnete mir, daß der 1 1/2 Zoll die Wunde überragende Knochenstumpf entfernt werden müsse, wozu eine zweite Amputation nötig sei. Den 17. Dezember wurde dazu geschritten. Da ich schon wieder etwas bei Kräften war, erschien mir diese Operation weit schmerzhafter, als die erste Amputation, namentlich war mir das Absägen des Knochens sehr empfindlich. Mit Gottes Hilfe war auch das überstanden und zu Ende Dezember durfte ich schon verwundete Kameraden ... besuchen.

(M. Schultze, Standhaft und treu)

UNTER DER FAHNE NAPOLEONS

Ein Bericht von den Kämpfen der Leipziger Schlacht wäre unvollständig, wenn darin nicht auch die französische Seite zu Worte käme. Das Bild abrundend, greifen wir dabei auf die Schilderung von Johann Jakob Röhrig (1787–1856) zurück. Schulmeister im Hunsrückischen, also links des Rheines zu Hause, war er schon seit Kindertagen naturalisierter französischer Staatsbürger und wurde bei seiner Aushebung 1812 der leichten Infanterie zugewiesen. Zunächst ohne Neigung zum Soldatenstand, entwickelte Röhrig jedoch bald jene Qualitäten, die es Napoleon erlaubten, nahezu unerschöpflich immer wieder neue Feldzüge zu beginnen: erstens die persönliche Begeisterungsfähigkeit für den Kaiser und zweitens die Gabe, auch aus einer üblen Lage noch das Beste zu machen. Hier ein kurzer Überblick dessen, was Röhrig dann bis in das Jahr 1816 hinein an wechselnden Verhältnissen alles durchlebte: Seit dem Frühjahr 1813 nahm er teil an dem Gefecht bei Möckern (nahe Magdeburg), kämpfte bei Großgörschen und Bautzen, lag in den Lazaretten von Liegnitz und Dresden, entkam aus der Schlacht an der Katzbach, focht bei Leipzig, sich noch nach der Sprengung der Elsterbrücke rettend, fehlte sodann beim Durchbruch von Hanau nicht, erhielt Heimaturlaub, geriet in preußische Gefangenschaft, entfloh, meldete sich erneut bei seinem Regiment und blieb noch bis in die Zeit der ungeliebten Bourbonen bei der französischen Armee. Durch die neue Grenzregelung wieder Deutscher, wurde er entlassen und half vorerst in der Schule des Vaters aus. Rückblickend meinte er: »Nicht an Frankreich, aber an dem Kaiser hing mein Herz.« 1815 zog er aber nicht dem zurückgekehrten Napoleon zu, sondern trat in den Landsturm ein und wurde 1816 preußischer Landwehrleutnant, obwohl er, wie viele seiner Kameraden, mit den steifen Umgangsformen dieser neuen Herren nicht zurecht kam. Den Rest seines Lebens fungierte er als

Dorfschulmeister (zuweilen »der Reitesel der Bauern«) und unterrichtete nebenher Französisch, Obstbaumzucht und Vermessungskunde. Eine späte Genugtuung war ihm, als er überraschend 1854 durch die französische Regierung unter Napoleon III. den noch rückständigen Sold aus seiner Militärzeit nachgezahlt bekam. – Röhrig erzählt von den Kämpfen um Wachau, Güldengossa und Probstheida.

Als der Morgen des 16. Oktober über die Ebene hereinbrach, sah man nichts als Himmel und Soldaten aller Waffengattungen. Man sah schon an den Aufstellungen, daß es ein heißer Tag werden würde, und daß mancher sein letztes Hemd anhatte. Wir änderten unsere Stellung abermals und kamen den Österreichern gegenüber zu stehen. Wir zündeten bald Feuer an, um unser Fleisch zu kochen, nach welchem uns der Mund wässerte. Jede Kompagnie bekam nämlich zwei Hämmel und zehn Brote unter sich zu verteilen. Die Gewehre waren zusammengesetzt. Wir lagen um die Feuer im Kreise herum. Der Kaiser Napoleon stand etwas linkerhand vor uns auf einer kleinen Anhöhe[35] mit dem Perspektiv[36] in der Hand, wahrscheinlich, um die feindlichen Stellungen zu beobachten, und sein Schimmel neben ihm. Auf einmal hieß es: »Aux armes!« – »An die Gewehre!« »Der Kaiser kommt!« Von allen Seiten her ertönte der Ruf: »Vive l'Empereur!« – »Es lebe der Kaiser!« In demselben Augenblick, es mag wohl gegen neun Uhr gewesen sein, gingen alle vor uns befindlichen Batterien los, so daß die Kugeln wie Hagel fielen oder vorbeizischten. Die erste oder zweite, die kam, nahm einem Soldaten das Bein, und was das schlimmste war, auch unseren Feldkessel mitsamt dem Fleische mit fort. Wir hatten uns also umsonst darauf gefreut.

Der Kaiser kam auf seinem Schimmel ungefähr fünfzig Schritte links an uns vorbeigesprengt, und zwar in einem solchen gestreckten Galopp, wie ich noch nie ein Pferd laufen sah. Die Kanonenkugeln schlugen links und rechts, vor ihm und hinter ihm in den Boden, so daß ihm der Grund über dem Kopfe zusammenschlug. Mit der Rechten hielt er den Zügel und mit der Linken den Hut auf dem Kopfe fest. Jeden Augenblick glaubte man ihn getroffen, aber er galoppierte unversehrt hindurch. Ob zum Glück oder Unglück für Europa, dies Urteil überlasse ich jedem seinem Belieben oder seiner Ansicht nach zu fällen.

...

Wir standen, wie ich schon erwähnte, im Karree in einem entsetzlichen Kugelregen, und in Zeit von fünfzehn Minuten hatte das Bataillon an Toten und Verwundeten wenigstens hundert Mann. Eine Granate fiel mitten in das Karree. Der Zünder brannte noch. Sie wühlte einen Kessel in den Boden. Ich zog den Kopf zwischen die Schultern ein und wartete dessen, was kommen sollte, und – puff, sie war zerplatzt und hatte in unserer Kompagnie auch nicht einen Mann getroffen, aber die zweite und dritte Kompagnie war stark mitgenommen worden. Einem Offizier hatte sie den Schädel abgedeckt. Inzwischen kam eine Kanonenkugel der Länge der Kompagnie nach zu uns und schlug Gewehre und Beine entzwei. Der Kommandant hielt mitten im Karree zu Pferde und rief jedesmal, wenn eine Kugel vorbeifuhr: »Gare à l'eau!«, zu deutsch: »Achtung! Wasser!«, so rufen sie nämlich in Paris, wenn sie Wasser oben herausschütten. Der Brigadegeneral kam herangesprengt und machte unserem Kommandanten gehörig den Marsch, weil er übersehen, daß wir gerade unter einer Batterie standen und nicht ein wenig rechts oder links gewichen waren. Jetzt rückten wir hinab in ein Wiesental, unfern einem Dorfe – ich glaube, *Wachau* hieß es. Wir standen da im Bataillon aufmarschiert. Vor uns eine steile Anhöhe, hinter uns ein Bach. Die Granaten kamen über die Anhöhe herüber, flogen aber über uns weg. Mein Voltigeur[37] Heinen, bei Bonn zu Hause, ein überaus braver und reinlicher Bursche, hatte einen schönen Apfel. Er schnitt denselben durch und reichte mir die Hälfte mit den Worten: »Hier, mein lieber Sergeantmajor,[38] den wollen wir noch zusammen essen, wer weiß, ob wir diesen Abend noch da sind.« Der Apfel war noch nicht gegessen, als eine Kanonenkugel das Tal abwärts der Front nach kam und fünf Voltigeuren auf dem linken Flügel im dritten Gliede die Köpfe wegschlug, unter denen auch mein guter Heinen war. Weil ich nun hinter ihnen stand, war ich dergestalt mit Gehirn und Blut bespritzt, daß ich fast nicht aus den Augen sehen konnte. Ich ließ die toten Körper zurückschleppen und beirücken, lief dann nach dem Bache hin, wusch mich und säuberte meine Uniform, so viel es sich tun ließ. Da schlug eine Granate keine zwei Schritte neben mir in den Bach. So wurde ich auch noch über und über mit Wasser bespritzt. Der Unterleutnant, der bei mir am linken Flügel stand, ging von da weg nach dem rechten Flügel und stellte sich zum Oberleutnant, indem er sagte: »Es kommt noch eine diesen Weg.« Mein Grundsatz aber war: »Wohin du bestimmt bist, da bleibe.« Er war kaum auf dem rechten Flügel angekommen, als auch schon eine Kugel ihm den Fuß am Knöchel zerschmetterte. Kein fünf Minuten später hatte auch der Oberleutnant ein Bein verloren. Die Tamboure saßen hinter der Front auf ihren Trommeln. Da fuhr eine Kugel durch eine Trommel durch die beiden Felle hindurch. Der Tambour, der mit geschlitzten Beinen darauf gesessen, schlug das Rad, ohne im geringsten Schaden zu nehmen. Auch der Trommel war außer den Fellen nicht das geringste Leid geschehen.

Endlich hieß es: »Voltigeurs en avant!« – »Voltigeure, vorwärts!« und nun ging es in voller Freude den Berg hinaus auf die obenliegende Ackerflläche, wo wir zum Willkomm von Kartätschen empfangen wurden, weil der Kapitän nicht auseinanderschwärmen ließ, was er in der Angst vergessen hatte. Es kam abermals ein Schuß, der ging aber über uns hinweg. Da dachte ich an die Worte des Evangeliums, wo es heißt: »Du hörest sein Sausen wohl, aber du weißt nicht, von wannen er kommt, und wohin er fährt.«[39]

Wir schwärmten nun auseinander in die Linie der Tirailleure[40] hinein, kamen aber zum Unglück vor eine Kompagnie fränkischer Jäger. Die Kerls schossen so, daß mit jedem Schuß einer blessiert ward. Man kann sagen, kein Schuß ging fehl. Kaum waren wir im Feuer, so erhielt ich Order, der Kapitän sei gefallen. Als ich zu ihm kam, sagte er: »Je suis blessé, et même par derrière!« – »Ich bin verwundet, und zwar von hinten.« Also von einem von den Unseren!

Es war ihm ja so geschworen worden. Ich befahl nun seinem Burschen, in dem nahegelegenen Dorfe eine Leiter zu holen, mit der er auch bald zurückkam. Auf dieser Leiter sollte er nun zurückgetragen werden. Dazu bedurfte es aber wenigstens zwei Mann. Aber nicht einer wollte Hand anlegen, weil er es nicht wert sei. Mußte also meine Zuflucht zu meinem lustigen Füßer nehmen. Dieser gab mir zur Antwort: »Mein lieber Sergeantmajor! Ihnen zum Gefallen will ich es ja tun, aber diesem Saubraten nicht.« Der Bediente und Füßer packten sofort die Leiter an und trugen ihn weg. Es dauerte aber nicht lange, so kam mein Füßer wieder zurück mit schnellen Schritten. Auf meine Frage: »Wo ist der Kapitän?« erhielt ich die Antwort: »Drüben, hinter dem Dorfe, liegt er im Chausseegraben, der Hundsbraten. Ich hoffe, er wird uns nicht mehr prügeln. Denken Sie sich,« fuhr er fort, »als wir jenseits des Dorfes waren, forderte er vom Bedienten un baton. Ob ich schon nicht viel Französisch verstehe, so weiß ich doch, daß baton Stock heißt. Er wollte mir also ein paar überhängen, weil ich nicht ordentlich Tritt mit dem anderen hielt, was ihm wahrscheinlich Schmerzen verursachte. Den Bedienten fragte ich: ›Was sagte er?‹ ›O, niske, niske,‹ war seine französisch-deutsche Antwort. Ich aber bedachte mich kurz, und mit dem Worte: ›Ab!‹ warf ich mein Anteil Leiter in den Graben und machte schnellen Schritts kehrt.« Hier also ein Beweis, daß die tyrannische Strenge der Herren Offiziere im Kriege nicht durchgeht. Während dieses eben Erzählte hier vorging, kam unser ganzes Bataillon als Tirailleure herbei. Ebendies geschah auch bei den anderen Regimentern. Wir erhielten Offiziere von den im Bataillon vorhandenen überzähligen. Den ganzen Nachmittag ging es sehr hitzig her. Mit aller Gewalt stürmten wir auf den Feind ein und drängten ihn zurück. Zum Glück für uns waren wir von den Jägern weggekommen. Als ich eben den Ladestock umgekehrt und in die Mündung des Laufes gebracht hatte, um die Ladung hinabzustoßen, schlug eine Kartätsche mir denselben ganz krumm, so daß ich ihn nicht mehr gebrauchen konnte. Ich behalf mich daher eine Zeitlang mit einem österreichischen, den ich aber, weil er gleiche Dicke hatte und nicht in den Schaft ging, jedesmal neben mich in den Boden stecken oder neben mich legen mußte. Bald darauf kam eine andere Kartätsche, als ich eben im Anschlag stand. Sie fuhr am Oberarm durch den Rock und zersplitterte den Gewehrschaft. Ich war also genötigt, mir auf dem Schlachtfeld ein anderes Gewehr zu suchen, was auch keine Schwierigkeit hatte. Das war ein heißer Tag, der viele Menschen und Pferde kostete! Wenn man den Kanonendonner, das Knattern der Tirailleure, das Zerplatzen der Granaten, das Chargieren[41] und Gemetzel der Kavallerie anhörte und ansah, sowie den Pulverdampf, so hätte man glauben sollen, es hätte an diesem Tage kein Mann übrigbleiben können.

So wurde es nun Abend. Wir sollten jetzt noch ein Dorf,[42] das uns rechts lag und von den Österreichern besetzt war, mit Sturm nehmen. Es gelang uns auch nach vieler Anstrengung, aber unser Divisionsgeneral Rochambeau,[43] der es befohlen, wurde dabei tödlich verwundet. Als wir durch das Dorf hindurchgedrungen waren, standen die Österreicher in Masse hinter ihm, und die Kartätschen und Flintenkugeln kamen wie Schloßen gefallen, so daß wir wieder zurück mußten. Wir nahmen und verloren es abermals. Bei unserem letzten Zurückziehen bekam ich noch eine, glücklicherweise nur matte, Flintenkugel in den Fuß. Wir zogen uns zurück und lagerten uns, hatten aber diesen Abend ebensowenig, um unseren Hunger zu stillen, wie den Tag über, wo man aber wenig daran dachte. Wieviel Mann wir an diesem 16. Oktober in der Kompagnie oder im Bataillon verloren haben, kann ich mich nicht mehr entsinnen.

Am 17. Oktober war Waffenruhe. Nur dann und wann hörte man etliche Schüsse, die von aufeinandergestoßenen Patrouillen oder von Vorposten herrührten. An etwas Ordentliches für zwischen die Zähne oder für den Magen war nicht zu denken.

Am 18. Oktober vor Tagesanbruch nahmen wir unsere Stellung eine gute Strecke rückwärts auf einer Anhöhe rechts von Leipzig, und es hieß nun, wir wären Reserve. ... Auf einmal hieß es: »An die Gewehre, vorwärts!« und wir traten in die Schlachtlinie ein, wir Voltigeure in die Reihe der Tirailleure. Trotzdem, daß wir uns ritterlich wehrten, mußten wir doch weichen. Immer kleiner und kleiner und zusammengedrängter wurde der Halbzirkel, den unsere Armee um Leipzig herum bildete. Die Geschützkugeln und Granaten durchkreuzten sich im Zentrum. Die Hasen liefen ganz abgemattet umher und wußten nicht wohin und wo aus. Hier sah ich, wie eine brennende Granate in einen Pulverwagen fiel, eben als ein Kanonier mit seiner Tasche daranstand und Patronen ausfaßte, um sie in den Protzkasten zu transportieren. Der Wagen flog hoch auf mit Mannschaft und Pferden. Alles überschlug sich. Ob noch einer mit dem Leben davongekommen, kann ich nicht bestimmt sagen, nur das weiß ich, daß es dem Kanonier gar nichts getan hat, außer, daß er im Gesicht ganz schwarz wie ein Rabe geworden war. ... Wir schlugen uns, wie gesagt, den ganzen Tag hindurch sehr tapfer, und trotzdem mußten wir weichen. Wir kamen daher Leipzig je länger je näher. Zuletzt erhielten wir unsere Stellung nahe bei einem Dorfe, nicht sehr weit von Leipzig rechter Hand.[44] ...

Jenseits desselben setzten wir uns hinter den Lehmmauern, die da um Bitzen und Gärten aufgeführt sind, fest und machten uns mit dem Bajonette Löcher durch diese Mauern, um sie als Schießscharten zu benutzen. So stand auch ich mit etlichen Voltigeuren hinter einer solchen Mauer, und wir feuerten unter die Österreicher, ohne uns weiter umzusehen. Auf einmal hörten wir Hurra schreien. Als wir uns danach umsahen, gewahrten wir, daß wir durch die oben zum Orte eingedrungenen Österreicher von den Unseren abgeschnitten waren. Was war nun hier zu tun? In österreichische Gefangenschaft zu geraten behagte mir ganz und gar nicht. Ich bemerkte eine Tür, die von dem Hofe aus in einen Keller ging, da schlüpfte ich hinein, ohne von dem Feinde bemerkt zu werden, und kauerte mich in eine Ecke nieder. Indem ich so dahockte und über dies und jenes nachdachte, zerplatzte im Hofe eine Granate nach der anderen. Auch hörte ich die Österreicher, die auf dem Hofe waren, deutlich sprechen. Ich konnte also mein Versteck noch nicht verlassen, obgleich ich den

Besuch einer Granate fürchtete, weil die Türe Front gegen unsere Batterien machte. Es konnte auch einer der Österreicher in den Keller eintreten. Endlich verlor sich das Gespräch des Feindes, und ich hörte: »En avant, avancer!« rufen. Gleichzeitig hörte ich aber auch ein unheimliches Knistern. Ich lugte an der Türe. Da fiel brennendes Stroh vom Dache herab. Es war also in diesem Versteck kein Verweilen mehr. Heraus mußte ich, weil das Dach durch eine Granate in Brand geraten war. Kaum war ich bis an das Hoftor gekommen, so rutschte das Dach herab. Aber nun war ich aus dem Regen in die Traufe gekommen, denn ich stand zwischen zwei Feuern im Kugelregen. Vor mir unsere Leute und im Rücken die Österreicher, was nun machen? Mich lange zu bedenken, war nicht ratsam. So nahm ich mein Gewehr in die Hand und lief schnurstracks unseren Leuten zu, die die Österreicher wieder zurückdrängten. Bei dieser Gelegenheit bekam ich eine Flintenkugel in den Tschako und drei in den Tornister, welche letztere in den Hemden stecken blieben. Es ist zu verwundern, daß ich mit dem Leben davongekommen bin, doch der schützende Engel Gottes, der mir immer zur Seite stand, war auch hier bei mir.

Kaum war ich bei meinen Leuten angekommen, da zerplatzte eine Granate, und ein Stück davon, welches wider die steinerne Mauer eines Hauses fuhr, prallte zurück und traf mich in die rechte Seite, und zwar dergestalt, daß ich nach Luft schnappen mußte. Die Österreicher drangen abermals auf uns ein, und wir mußten weichen und das Dorf ihnen wiederum überlassen. Jetzt führte uns der Kaiser persönlich etliche Kompagnien der jungen Garde zu, und aufs neue ging's mit einem: »En avant, vive l'Empereur!« mit aller Kraft und Gewalt auf unsere Gegner los, und wir wurden wieder Besitzer des Dorfes; doch wurde dieser Besitz durch viele Menschenleben erkauft. Hier sah ich den Kaiser, wie er mitten unter dem Hagel der feindlichen Kartätschen hielt. Sein Gesicht war bleich und kalt wie Marmor. Nur zuweilen zuckte das Feuer heißen Grimmes darüber hin. Er sah, daß alles verloren war. Wir kämpften nur noch für den Rückzug. Das Dorf hielten wir fest. Es wurde Nacht. Der Kampf war verstummt. Aber welch eine Lamentation und ein Jammer war in diesem Orte! Alle Häuser lagen voll von Verwundeten, die am 16. Oktober dorthin geschafft worden waren, und jetzt alle, soweit sie nicht gehen konnten, ohne Rettung verloren gingen, denn das ganze Dorf ging in Flammen auf, und sie mußten mit verbrennen. Das war ein heißer, heißer Tag. Jetzt fing der Tag an sich zu neigen, meine Seite aber auch an dermaßen zu schwellen und wehe zu tun, daß ich es fast nicht mehr aushalten konnte. Der Kapitän riet mir, nach dem Feldspital zu gehen, welches nicht fern von uns war, um einen Arzt zu Rate zu ziehen. …

Als ich im Feldspital ankam, gab mir ein Arzt, den ich über mein Übel zu Rate zog, Roggenmehl und Wasser vermischt zu trinken, und von außen mußte ich noch kalte Aufschläge machen. Unterwegs tat ich noch einen guten Fund. Ich fand nämlich bei einem toten Kapitän zwei französische Kronentaler,[45] aber ich konnte sie leider nicht essen, so hungrig ich auch war. In diesem Feldspital konnte man sehen, wie Arme und Beine abgeschnitten werden! Es wurden aber damals keine so großen Zurüstungen gemacht, wie die Ärzte es gegenwärtig tun. Es kam ihnen auch nicht darauf an, ob einer mehr oder weniger starb. Ein großes Zimmer lag gepfropft voll, fast lauter Kürassiere, denen die Arme oder Beine teils weggeschossen, teils abgeschlagen waren. Ich sah lange zu. Einem Offizier wurde das Bein über dem Knie abgenommen. Er saß auf einer Bank, auf welcher er auch den kranken Fuß liegen hatte, mit dem anderen stand er auf dem Boden und sah scharf zu, ohne den Mund zu verziehen. Bei der Amputation wurde folgendermaßen verfahren: Über der Stelle, wo das Bein oder der Arm abgenommen werden sollte, wurde er mit einem Tuche fest zugebunden, natürlich um den zu starken Zudrang des Blutes zu hindern. Nun wurde ein Schnitt rundum bis auf den Knochen geführt, sofort das Fleisch zurückgedrängt und der Knochen durchgesägt. Dann wurden mit einer Zange die Adern hervorgezogen und unterbunden, auch etliche mit einem Eisen zugebrannt, das Fleisch wurde wieder hervorgezogen und

Scharpie – gezupfte Leinwand, mit Kalk- oder Bleiwasser getränkt, – daraufgelegt. Dies alles war eine Arbeit von etlichen Minuten, und die Operation war geschehen. Meine Schmerzen hatten sich unterdessen einigermaßen gelegt und die Geschwulst vermindert. Der Arzt sagte, es sei keine Gefahr mehr vorhanden. Daher empfahl ich mich, und nachdem ich noch den vor dem Gebäude liegenden Haufen Arme und Beine betrachtet hatte, ging ich, meine Leute aufzusuchen. Es war auch bereits Nacht geworden. Ich kam zu einem Feuer, um welches Grenadiere der alten Garde lagen und saßen. Auf die Kohlen waren Kartoffeln zum Braten gelegt, nach welchen, als ich sie erblickte, mir der Mund wässerte. Hunger hatte ich wie ein Haifisch, denn in den fünf Tagen, die wir in der Gegend von Leipzig zugebracht, hatten wir nicht für zwei Tage gegessen. Ich ließ mich mit einem alten Schnurrbart, der nach den Chevrons, den Armschnüren, die auf dem Oberarm wie ein umgekehrtes V standen, seine zwanzig Jahre gedient hatte, in ein Gespräch ein, welches ich so nach und nach auf die gebratenen Kartoffeln hinlenkte, und machte dabei die Bemerkung, daß er mir einen außerordentlich großen Gefallen erzeigte, wenn er mir etliche abgeben würde. Es wollte ihm aber nicht behagen; sie gehörten ihm auch nicht allein zu, sondern waren Eigentum der Korporalschaft. Auf einmal fielen mir meine zwei Kronentaler ein, die ich in der Tasche trug. Ich zeigte sie ihm, und – ein Sprichwort sagt, Geld verblendet die Welt; so ging es auch hier – wir wurden einig: ich gab ihm die zwei Kronentaler und er mir acht oder zehn Kartoffeln in der Dicke von gewöhnlichen Setzlingen. Wer war nun froher als ich? Nur fehlte leider Salz und Brot dazu.

Endlich fand ich auch unsere Leute. Sie lagen um ein Feuer herum nahe bei dem Dorfe, das wir den Tag über so ritterlich verteidigt und auch die Nacht über behauptet hatten. Für Lebensmittel hatte kein Mensch gesorgt. Die Soldaten konnten auch nichts herbeischaffen, denn in die Stadt durfte keiner, und die Ortschaften waren leer und öde. Weder eine lebendige Kreatur noch sonst etwas war darin zu finden. Rohe Erdkohlrüben, Mark aus den Kappesstrünken,[46] auch wohl ein Apfel –, das war es, womit man den Magen anfüllte. Ein kleines Schnäpschen kostete zwei, drei, auch vier Groschen und war sehr schlecht, denn es war Fusel. Es ist mir jetzt noch unbegreiflich, daß ein doch sonst so kluger Feldherr, wie es der Kaiser war, uns so dem Hunger preisgeben konnte. Es würde ganz gewiß ein anderes Leben in der Armee gewesen sein, wenn hinreichende Lebensmittel vorhanden gewesen wären. Und doch kann, wer es nicht gesehen, sich keine Vorstellung davon machen, welcher Enthusiasmus sich unter den halbverhungerten und matten Soldaten kundgab, wo sich der Kaiser in Person zeigte. War alles entmutigt, und er kam geritten, so wirkte seine Gegenwart wie ein elektrischer Schlag. Alles schrie aus Herzensgrunde: »Vive l'Empereur!« und ging blind ins Feuer.

Nachts glich der Himmel einem Feuermeer infolge der vielen Feuer, die um Leipzig herum brannten.

(K. Röhrig, Unter der Fahne des ersten Napoleon)

DER ÜBERGANG DER SACHSEN

Schon bei der Neubildung der sächsischen Armee im April/Mai 1813 – das alte Heer war fast vollständig im russischen Feldzug untergegangen – hatte man im stillen vielfach gehofft, daß aus der bisherigen Waffenhilfe endlich ein Kampf gegen die Franzosen würde. Diese Hoffnung war zunichte geworden, als sich König Friedrich August I. unter dem Eindruck des französischen Sieges von Großgörschen doch wieder für Napoleon erklärte. Für die sächsische Armee begann damit eine böse Zeit. Zwar sorgte der dem König geleistete Fahneneid dafür, daß die Armee nicht gänzlich auseinanderlief, aber die Zahl der Abgänge war unmäßig hoch, und insbesondere durch die Art, wie die Franzosen während der beiden Feldzüge in dem verbündeten Sachsen hausten, staute sich ein Grimm an, der vornehmlich unter den Mannschaften kaum noch niederzuhalten war. Auch Napoleon bekam dies zu spüren. Als er bei Kültzschau östlich Eilenburg am 9. Oktober die sächsischen Truppen musterte, verweigerten ihm diese das übliche »vive l'empereur« und blieben auch nach seiner persönlichen Anrede stumm. Aber nicht nur das über die eigene Heimat gebrachte Elend verzieh man ihm nicht. Entrüstung weckte auch die Behandlung des Königs. Was war er anderes als eine Geisel, wenn man ihn, eskortiert von französischer Bedeckung, dem Kaiser auf dem Wege nach Leipzig folgen sah? Wir kennen diese Vorgänge heute besser: Friedrich August hatte – vielleicht auch getäuscht – bis zuletzt Napoleon vertraut. Damals jedoch war es gerade der Eindruck der Unfreiheit des Königs, der dann mit den Ausschlag gab, daß man auf die Seite der Verbündeten überging. Gleichsam stellvertretend sollte so die Fortdauer eines selbständigen Sachsens gesichert werden. Die späteren Verhandlungen auf dem Wiener Kongreß bestätigten die Richtigkeit dieses Entschlusses. Von der französischen Öffentlichkeit hingegen wurde er den Sachsen noch lange verdacht, obschon er, zu einem so späten Zeitpunkt vollzogen, den Ausgang der Schlacht nicht mehr beeinflußte. Es waren nicht einmal 4000 Sachsen (von etwa 18 000 Mann S o l l *stärke im August), die ihn vollzogen.*

Unser Text greift auf den Bericht von Friedrich August Wilhelm Böhme (1792–1860) zurück, in jener Zeit Oberkanonier in der Fußbatterie Dittrich und später als Taxator am Leipziger Leihhaus beschäftigt.

Den 16. October 1813. kamen wir Abends nach Eilenburg, wo das ganze siebente Armeecorps unter General Reynier[47] in der Gegend des Galgens bivouakirte. Wir hatten uns in die Erde eingegraben, indem es an Stroh und andern Baumaterialien gänzlich fehlte, um Baraken bauen zu können, da es doch ziemlich kalt zu werden anfing. Noch waren wir mit unserer mageren Mahlzeit beschäftigt, als schneller Befehl gegeben wurde, daß die ganze Armee wieder aufbrechen sollte; dies mochte Nachts 12 Uhr sein. Langsam ging von hier unser Marsch, da die Straße von Soldaten und Geschütz wimmelte, so daß wir erst früh gegen 6 Uhr den 17. October nach Taucha kamen, wo wir in der Nähe der Mühle auf einem Kartoffelfelde Halt machten und die letzte Mahlzeit vor der Schlacht hielten; es waren Kartoffeln, die wir in glühenden Kohlen uns gebraten hatten und die wir uns erst mühsam aus der Erde hatten suchen müssen. Gegen 8 Uhr früh konnte es sein, als wir aufbrachen und in Colonnen auf Leipzig zu marschirten. Beim Heitern Blick machten wir Halt und stellten uns in Schlachtlinie auf, so daß wir Schönefeld vor uns hatten. Nachdem dies geschehen und unser Geschütz doppelt mit Kugel- und Kartätschenschuß geladen und nach Schönefeld hin gerichtet war, kamen die Franzosen in Masse aus Schönefeld auf uns zu geflohen, durch unsere Zwischenräume durch, und nahmen ihren Weg nach Taucha. Wir wurden hierüber stutzig und wußten nicht, was wir davon denken sollten, und glaubten, die Franzosen wollten uns hier im Stiche lassen und fingen an zu murren. Deshalb ergriffen auch mehrere von unsern Leuten in diesem Augen-

Die drei verbündeten Monarchen au
Handk

igel bei Wachau am 18. Oktober 1813.
r Stich

blicke die Flucht, jedoch nur solche, die von hier nicht weit in ihre Heimath hatten. Doch bald erklärte sich dieser Vorfall, und wir wurden wieder ruhig. Wir erfuhren nämlich, da nach diesem Ereignisse Waffenruhe blieb, daß dies eine blinde Retirade gewesen sei. Nachdem, wie ich oben erwähnt, wir uns in Schlachtlinie aufgestellt hatten, sollen die Franzosen mit Absicht retirirt sein, um den Feind in ein zweites Treffen zu locken. Jedoch derselbe kam nicht nachgesetzt, sondern blieb in seiner Position ruhig stehen. ...Denselben Tag erhielten wir auch ein Brod ohngefähr 8 Gr.[48] werth, worin sich 12 Artilleristen und 72 Trainsoldaten[49] theilen sollten. Wir standen auf einem Krautfelde, wo wir unsern Hunger mit Krautstrünken stillten; an etwas anderes war gar nicht zu denken; auch regnete es denselben Tag unaufhörlich, so daß wir alle ganz durchnäßt waren, da an Barakenbauen gar nicht zu denken war. Von hier ging der Infanterie-Lieutenant Voß, der bei der Artillerie früher als Corporal gestanden und mich von daher noch kannte, nach Leipzig zu seinen Verwandten. Er suchte mich deshalb in meiner Batterie auf, sagte mir, was er Willens zu thun sei und fragte mich, ob er etwa zu meinen Eltern mit gehen solle. Ich war sehr über sein Anerbieten erfreut, bat ihn recht herzlich, er möge dies ja thun, sollte sie Alle von mir innig grüßen und ihnen sagen, daß auch ich vor Leipzig stände und an der Schlacht mit Theil nehmen würde. Den andern Morgen früh kam der Lieutenant Voß zu Pferde wieder und brachte mir von meinen Eltern herzliche Grüße, mehrere Victualien nebst einer Flasche Wein mit, was alles in wenigen Minuten durch Mithülfe meiner Kameraden aufgezehrt wurde. Von hier zogen wir uns nach Paunsdorf, wo wir bei einer Windmühle Position nahmen. Ein fürchterlicher Kugelregen, dem wir von Seiten der Oestreicher und Russen ausgesetzt waren, nöthigte uns zum Weichen, doch mußten wir bald wieder vorwärts und auch sie mit unserem Feuer begrüßen. Es regnete gleichsam Kugeln und Granaten um und neben uns. Einem Kanonier, der dicht neben mir stand, riß eine Kanonenkugel den Kopf weg, und so, daß der Kopf im Tzschako blieb. Wie mir dabei zu Muthe war, kann sich nur der lebhaft denken, der in ähnlichen Lagen gewesen ist. Ich konnte den Gebliebenen nicht mit aus der Batterie schaffen, obgleich er uns im Wege lag, so war ich ergriffen. ... In diesem nur mit wenigen Unterbrechungen stattfindenden Kanonenfeuer blieben wir ohngefähr bis Nachmittags 2 Uhr, wo es etwas nachließ, nachdem dieser Kugelregen viele von uns hinweggerafft hatte, die theils den Todeskampf überwunden hatten, theils aber denselben noch kämpften. – In derselben Zeit hatten sich mehrere französische Generale in der Nähe unserer Batterien zu Fuße versammelt, so wie auch von sächsischer Seite mehrere Stabsoffiziere, die sich, wie es schien, stritten, ihre Taschenuhren in den Händen hatten, und immer, wie unter uns darüber gesprochen wurde, auf 3 Uhr gezeigt haben sollen. Nähern Aufschluß konnten wir uns hierüber jedoch nicht verschaffen, in was ihr gegenseitiger starker Wortwechsel bestanden haben konnte. Als sie aus einander gegangen waren, wurde uns von unsern zunächst stehenden Offizieren Folgendes zu wissen gethan. Es würde heute noch eine heiße halbe Stunde kommen, die aber glücklich überstanden werden würde, wenn wir nur den Muth nicht sinken ließen. Sie kam. Das feindliche Feuer hatte gegen uns ganz aufgehört. Wir erhielten Befehl das Geschütz aufzuprotzen, machten damit »rechts umkehrt« und avancirten so, was wir nur laufen konnten, auf den Feind los. Als wir so athemlos, was die Pferde nur noch leisten konnten, einige tausend Schritte zurückgelegt hatten, kamen mehrere Regimenter Kosaken auf uns zu gesprengt, die, als sie sich uns näherten, ein Freudengeschrei ausstießen, zwischen uns durchsprengten, um uns, die wir, wie wir nun sahen, zu dem Feinde übergingen, den Rücken zu decken, da die Franzosen, die unser Vorhaben nun errathen haben mochten, ein mörderisches Feuer hinter uns drein gemacht haben sollen. So liefen wir bis Engelsdorf, wo wir Halt machten, um uns zu sammeln und neue Kräfte zu schöpfen, nachdem wir auf diesem anstrengenden Wege fast zum Aeußersten erschöpft worden waren. Damit war die heiße halbe Stunde gemeint. Die Oestreicher und Russen brachten uns Branntwein, um uns wieder zu erquicken und bezeigten sich überhaupt sehr freundschaftlich und kameradschaftlich gegen uns Sachsen. Als wir wieder geordnet waren, marschirten wir von Neuem in's Feuer. Nachdem wir jedoch in Schußlinie waren und uns die französischen Kugeln erreichten, kehrten wir wieder um, ohne einen Schuß gethan zu haben, und zogen uns ganz in die Nähe von Engelsdorf, wo wir für diese Nacht blieben. Wir konnten ungefähr 6 bis 7000 Mann zählen.[50] Die Truppengattungen bestanden aus Artillerie, Husaren, Linie[51] und leichter Infanterie. Hier in Engelsdorf befand sich eine Schäferei mit vielen Schafen, die diese Nacht fast alle von uns geschlachtet wurden; auch vieles Obst fanden wir, doch leider kein Brod, was uns das Erwünschteste gewesen wäre. …

(R. Naumann, Die Völkerschlacht bei Leipzig)

NAPOLEONS FLUCHT

Nur auf Umwegen, wiederholt eingekeilt in fliehende Heeresträmmer, erreichte Napoleon schließlich noch die Rückzugsstraße. Ob dabei unser Text die beiden zuletzt genannten Stationen richtig festhält, ist ein alter lokalgeschichtlicher Streit, der hier nicht erneuert werden soll (die unserem Buch beigefügte Karte auf dem hinteren Vorsatz entscheidet beispielsweise anders!). Von Interesse ist unser Bericht aber auch durch die Tatsache, daß sich mit dem offenkundigen Zusammenbruch der Napoleonischen Herrschaft nun überall deutsches Nationalgefühl regte. Am 18. Oktober waren es die Württemberger und Sachsen, die sich lossagten. Jetzt am letzten Tage kommen auch badische Truppenteile hinzu. Jene kecken Badenser jedenfalls, die über den nicht sonderlich würdigen Abzug des Imperators spotten, sind dieselben, die sich dann kaum zwei Stunden später an dem allgemeinen Jubel auf dem Marktplatz beteiligen werden, als hier inmitten ihrer siegreichen Truppen die verbündeten Monarchen und Feldherren zusammentreffen. – Der Verfasser unseres Berichtes ist Immanuel Gottfried Trefftz (1774–1852). Von Geburt Württemberger, hatte er sich in Leipzig als Tuchhändler niedergelassen. 1814 gehörte er zu den Mitbegründern des »Vereins zur Feier des 19. Oktober«.

Der ewig denkwürdige Tag des 19. Oktobers brach an, und mit ihm zeigten sich die deutlichsten Spuren innerhalb und außerhalb der Stadt von dem Rückzuge und der völligen Niederlage der Franzosen. Das Kanonen- und Gewehrfeuer rückte der Stadt immer näher, und noch vor 10 Uhr traf Napoleon mit Gefolge bei unserm Könige in seiner Wohnung am Markte ein. Ich sah ihn da im Erker der ersten Etage zwischen dem Könige und der Königin stehen

»Der rheinische Courier verliert auf der Heimreise von der Leipziger Messe nach Paris alles.«
Zeitgenössische Karikatur

und lebhaft sprechen.[52] Die Königin schien sehr ergriffen und trocknete sich die Thränen mit einem weißen Tuche, der König aber stand mit ruhigen, unbewegten Zügen neben dem geschlagenen Weltbeherrscher. …

Gegen halb 11 Uhr ritt Napoleon von unserm König weg; neben ihm sein Schwager Murat, König von Neapel, brillant angezogen,[53] was gegen den Kaiser sehr stark abstach; links ritt Berthier[54] und hinter diesem mehrere Generale, wovon mir auf Nachfragen Marschall Lobeau, General Montholon und General Bertrand genannt wurden.[55] Napoleon sah sehr verdrießlich und graugelblicht aus, er trug seinen grauen Ueberrock, und sein dreieckiges Hütchen klappte hinten etwas herab. Er sprach fast immer nur mit Berthier, während ich über den Marktplatz hinweg neben und zwischen ihm und seinem Gefolge herging. Am Rathhause herab standen sächsische Garden aufmarschirt, deren militairische Ehrenbezeugungen er freundlich erwiederte, sein Hütchen zog, und ihnen zurief: »Adieu Saxons, gardez-bien vôtre roi!«[56] Als er an den untern Theil des Marktplatzes gekommen war, wo sich ein Bataillon badischer Infanterie aufgestellt hatte, riefen diese Soldaten, als er ihnen nahe gekommen war, ganz laut: »Ah Gottlob! nuh muß er auskratze!« – Napoleon hörte dies Geschrei, erwiederte ihre militairischen Honneurs fast gar nicht und schien Berthier über diesen Ausruf zu befragen, der ihn ihm wahrscheinlich übersetzte.[57] Die Zeit drängte, der Kampf war schon dicht an den Thoren, und es flogen Kugeln und Granaten in die Stadt; also ritt der Kaiser in die Hainstraße hinein, ohne sich aufzuhalten. Da war aber das Gedränge durch die Flüchtigen schon sehr stark und am engen Rannstädter Thor häufte sich dieses so sehr, daß Napoleon nicht durchkommen konnte, daher man ihn die Fleischergasse herauf führte. Er konnte aber nicht zum Barfußpförtchen hinaus, weil dieses geschlossen und verrammelt war, sondern mußte zur Thomaspforte oder zum Petersthore hinaus,[58] worauf ich ihn aus meiner Wohnung am Barfußpförtchen in der Allee wieder sah, wo das Gedränge auch so stark war, daß die kaiserlichen Adjutanten mit den flachen Klingen Platz machen mußten und den Kaiser mit seinem Gefolge nur sehr langsam vorwärts bringen konnten. Ich sah ihn noch zuletzt aus meinem Fenster nach dem Reichenbach'schen (jetzt Gerhard'schen) Garten hinreiten, durch welchen oder über das Hahnreibrückchen er auf den äußern Ranstädter Steinweg gekommen ist.

(R. Naumann, Die Völkerschlacht bei Leipzig)

BEI DER EINNAHME DER STADT

Leipzig besaß zur Zeit der Völkerschlacht keine intakten Befestigungswerke mehr, aber Mauer, Stadtgraben und Wall waren noch erhalten, so daß die Stadt selbst nur durch ihre vier Tore in den Himmelsrichtungen und durch mehrere sogenannte Pförtchen passiert werden konnte (letztere spielten schon bei der Flucht Napoleons eine Rolle). Rings um die Stadt gruppierten sich kleine, von Gärten begrenzte Vorstadtbezirke, die ebenfalls nach außen mit Toren abgeschlossen und von leichtem Mauerwerk umgeben waren. Die Franzosen, Meister in der Verteidigung von Gebäuden und Anwesen, hatten sich am Morgen des 19. Oktober in diesem Gelände gut verschanzt, und deshalb wurde auch die Einnahme der Stadt nochmals zu einem blutigen und verlustreichen Ringen.

Wir folgen hier der Schilderung eines preußischen Freiwilligen, der, von Norden her, auf dem Wege über die Hallische Vorstadt in das Stadtinnere vordrang. Sein Name ist uns nicht überliefert. Wir wissen nur, daß er Theologie studiert hatte, 1813 als Hauslehrer tätig war und, bewegt von der Not des Vaterlandes, trotz aller Bitten seiner Eltern gegen die französische Bedrückung in den Krieg zog. Seine erste Schlacht war die von Großgörschen, und später der Nordarmee zugehörig, gelangte er, an allen Kämpfen beteiligt, über Holland bis Paris. Als nach dem Friedensschluß der strenge »Gamaschendienst« wieder einsetzte, verließ er gern, Schillers »Wallenstein« zitierend, »des Dienstes immer gleich gestellte Uhr«. Sein Tagebuch in überarbeiteter Briefform hebt sich unter den Feldzugsberichten anderer Kriegsteilnehmer deutlich heraus, es besitzt literarischen Rang. Die bemerkenswert offenherzige und zugleich menschlich engagierte Darstellungsweise, Freund wie Feind betreffend, mag ein Grund dafür gewesen sein, daß das Tagebuch erst hundert Jahre später einem breiten Publikum vorgestellt worden ist.

Gegen acht Uhr brachen wir auf gen Leipzig und wunderten uns doch ein wenig, durchaus nichts vom Feinde zu erblicken. Jeden Augenblick glaubten wir, er werde losbrennen, aber die tiefste Stille herrschte in der ganzen Gegend, so daß uns der gestrige Tag wie ein Traum erschienen wäre, hätten uns nicht so viel tausend Leichen, Paßkugeln,[59] zertrümmerte Wagen usw. an die Wahrheit jener Schreckensstunden erinnert.

Wir wandten uns ein wenig nördlich von Leipzig und kamen auf die große Landstraße, die von Halle nach Leipzig führt. Nahe an den äußersten Gärten der Stadt wurde haltgemacht. Einzelne Schüsse unterbrachen die tiefe Stille, uns an das Dasein des Feindes erinnernd, den wir für sehr eigensinnig hielten, da er es wagte, eine offene Stadt zu verteidigen. Gegen zehn Uhr drangen ungefähr 600 bis 700 Jäger von den verschiedenen Regimentern in die Gärten von Leipzig ein, die größtenteils mit Mauern umgeben sind. Sie richteten wenig aus, denn die Feinde schossen aus den Türen und Fenstern der Gartenhäuser und denen der Vorstadt, die daran grenzen, und waren also aufs herrlichste gedeckt. Wir aber standen im Freien und verloren eine große Menge, ohne zu wissen, wodurch, woher, warum, denn man sah auch nicht einen Franzosen; das Gefecht zog sich daher sehr in die Länge, obgleich die Reserven schon alle im Feuer standen. Wahnsinn wäre es gewesen, mit so wenig Jägern die Häuser stürmen zu wollen, da überdies die Büchsen sich schlecht dazu eignen.[60] Hier fiel mancher brave Jüngling, ohne daß etwas ausgerichtet wurde, zumal da die Begleitung der Verwundeten viele dem Kampfe entzog. Endlich kamen mehrere Bataillone an, und nun ging's mit einem Hurra auf die Feinde los, die glücklicherweise soeben die Häuser größtenteils verlassen hatten, um uns entweder gefangenzunehmen oder doch gänzlich zu vertreiben. Das Bajonett und der Kolben entschieden wie gewöhnlich. Viele Jäger hingen die schon verschleimte Büchse[61] über und nahmen die hier entscheidende Muskete. Mörderisch wurde nun der Kampf. An Pardon war nicht zu denken.

Mitten im Tumult des Kampfes warfen uns die Einwohner aus den Fenstern der zweiten Stockwerke Äpfel herunter, die begierig aufgesucht wurden. Ich machte in der Eile eine kleine Beute, in einem Paar neuer Stiefel und Beinkleidern bestehend, mir beide sehr nötig, da ich mannigfach Defekte an den meinigen bemerkte und die Sohlen schon mit Bindfaden hatten umschnürt werden müssen. Leider waren mir aber die erbeuteten Stiefel viel zu klein, und ich litt große Schmerzen, zumal da ich einen Prellschuß am Fuß bekommen hatte. Ein freundlicher und herzhafter Bürger in der Vorstadt langte uns, indem wir vordrangen, einige Flaschen Wein heraus, die uns ungemein stärkten. So erreichten wir trinkend und schießend das Hallesche Tor, und – ein rührender, erschütternder Anblick bot sich uns dar. Alle Fenster lagen gedrängt voll; aus allen wehten weiße Tücher herab, und ein rauschendes Lebehoch empfing uns. Vor uns die fliehenden Feinde, über uns die jubelnden Einwohner, so ging es im Trabe vorwärts. Wer, der diesen Augenblick erlebte, mag und kann ihn vergessen, wer ihn aber auch schildern! Freudetrunken eilten wir sogleich aus einem Tore hinaus, dem Feinde nach, der noch nicht ganz gebändigt war. Aber alle Regimenter lösten sich jetzt auf, Russen, Schweden, Preußen und Österreicher, alles wogte jetzt durcheinander. Grenzenlos war die Verwirrung. Einige hundert feindliche Reiter hätten diesen ganzen Knäuel niederhauen und zersprengen können, weil jeder dem anderen hinderlich war. Auch stürzten sechs bis acht französische Kürassiere auf den Haufen los und trieben ihn – horribile dictu[62] – wenigstens drei- bis vierhundert Schritt zurück. Da besann er sich, und nun legten die Tausende auf die wenigen Reiter an, die im Nu mit ihren Rossen zusammenstürzten, von zahllosen Kugeln durchbohrt.

So war denn endlich der Kampf geendet, die Stadt in unseren Händen und die Beute unermeßlich. Der eine zog ein halbes Dutzend Beutepferde nach sich, um sie sogleich an die Kinder Israels[63] zu verkaufen, ein anderer schleppte sich mit schweren Mantelsäcken, ein dritter trug einen zerbrochenen Adler,[64] um ihn gegen das Eiserne Kreuz[65] einzutauschen, ein vierter, Infanterist, bestieg mit Sack und

Pack einen stattlichen Engländer,[66] und andere trieben die Gefangenen dutzendweise, wie Schafe, vor sich her. Unbeschreiblich war die Gier und Habsucht bei manchem, die sich aber hier oft auf der Stelle bestrafte. Es fielen unter anderem auch viele Geldwagen in unsere Hände. Um sie schwärmten die Soldaten wie die Bienen. Ehe noch einer von ihnen die Wagen umdrängte, fand sich ein Soldat von unserem Regiment bei ihm ein und füllte seinen ganzen Tschako mit Napoleondors an.[67] Forteilend besinnt er sich und denkt: du kannst dir ja auch wohl die Taschen und den Brotbeutel füllen. Gedacht, getan. Vorsichtig stellt er den Tschako unter einen Baum, bedeckt ihn mit Gras und Gesträuch und eilt zurück, seinen Brotbeutel schon im voraus ausweitend. Als er jedoch hinkommt, findet er die Wagen schon so sehr umdrängt, daß er wieder umkehrt, zufrieden, doch seinen Tschako voll zu wissen. Das war denn freilich gegründet, doch nur mit dem Unterschied, daß er fort war und mit ihm sein Schatz, den er wie im Traum besessen hatte. Ein verschüttetes Goldstück war alles, was er an Ort und Stelle noch fand.

Der General Graf Reynier[68] wurde von einem Jäger unseres Regimentes gefangengenommen. Obwohl dieser ganz gewiß dafür eine angemessene Belohnung verdiente, so wäre ihm diese doch fast entzogen worden. Er riß nämlich den General vom Pferde und in der Hitze ihm seine Ehrenzeichen ab. Das Pferd nahm ein anderer Jäger, und der General wurde Verwundeten, die eben zurückgingen, übergeben. Wahrscheinlich fühlte er sich hierbei sehr unwohl, weil er in Gefahr war, gemißhandelt zu werden. Er ergab sich also in den Schutz eines vorübergehenden Offiziers, was jene Verwundeten zuließen, weil sie ihren Gefangenen nicht kannten. Der Offizier brachte ihn darauf in Sicherheit, meldete es und erhielt zur Belohnung – das Eiserne Kreuz. Erst ein halbes Jahr darauf erhielt es der Jäger auch, da er beweisen konnte, daß er den General gefangengenommen hatte. Übrigens ist bekanntlich auf jene bequeme Weise mancher ein Ritter[69] geworden.

Nachdem alles geendet war, ging ich in die Stadt zurück, mich zu erquicken. Nur eine Stimme ist darüber, mit welcher Freude und Herzlichkeit wir von den biederen Einwohnern Leipzigs aufgenommen wurden. Rauschend war ihre Freude über den schnellen, glücklichen Wechsel der Dinge. Sie leuchtete aus aller Augen hervor. Was sie hatten, gaben sie heraus, uns Hungrige zu speisen, uns Durstige zu tränken und auf mancherlei Weise zu erquicken. Alle Straßen waren von Bürgern angefüllt, und zwischendurch drängten sich die verschiedenen Uniformen, einer den anderen suchend, um sich seines Besitzes oder Verlustes bewußt zu werden. Ich schlug mich durch das Gewühl hindurch, betrachtete von weitem die hohen Monarchen und Generale, die auf dem Markt hielten, und wählte ein niedliches Häuschen in einer abgelegenen Straße zum Absteigequartier. Ein schönes, junges, freundliches Mädchen lag, eh' ich's mir versah, in meinen Armen und drückte mich küssend an sich. Überrascht von diesen, mir wildfremden Liebkosungen, wollte ich ihr ihren Irrtum soeben vorhalten, als sie von selbst anfing: »Sie sind ein Preuße, ein Retter und folglich mein Bruder. Kommen Sie herauf zu meinen Eltern und essen und trinken Sie.« Ich folgte mechanisch, wurde herzlich aufgenommen, schauderte vor dem Spiegel vor meiner Gestalt zurück, die ich kaum vor Blut und Schweiß erkannte, reinigte mich, antwortete auf die endlosen Fragen der lieben Gastfreunde nur wenig, aß und trank enorm und streckte mich erschöpft auf ein Sofa hin, ein Stündchen zu schlummern. Beim Erwachen glaubte ich, eine gütige Fee habe mich plötzlich in die Heimat versetzt. Alles kam mir wie ein schwerer, wüster Traum vor, und märchenhaft lagen die vergangenen Stunden hinter mir, die mich noch im Schlaf mit scheußlichen Larven und Fratzen umgaukelt hatten. Alle die freundlichen Umgebungen gebildeter Menschen waren mir, wenn auch nicht fremd, doch neu geworden, wodurch sie einen eigenen Reiz in meinen Augen gewannen, welche mehrere Monate hindurch in Freilagern, auf Märschen und in engen, dumpfen Hütten sie so ungern entbehrt hatten. Neugeboren und gestärkt sagte ich dem biederen Wirt und den Seinigen Lebewohl, vergaß es, bedrängt von so mannigfachen Gefühlen, mich nach ihrem Namen zu erkundigen, und eilte fort, mein Regiment aufzusuchen, das unterdessen so ziemlich wieder beisammen war.

Gegen Abend wurde uns zu einstweiligen Quartieren die Vorstadt angewiesen, doch weil wir fürchteten, morgen wieder weiterzumarschieren, blieben viele nach erhaltenem Urlaub in der Stadt, um noch manchen notwendigen Bedürfnissen abzuhelfen. Auf allen Straßen biwakierten Russen und Österreicher, alle Häuser waren verschlossen, und vergeblich suchte ich einen Schuhmacher auf, um ihm einen christlichen Tausch anzubieten. Ich mußte noch länger Pein leiden. Kaum öffnete sich uns ein Weinkeller. Hier fanden wir zufällig einen Freund, der einen erbeuteten Mantelsack musterte. Der frühere Besitzer war ein französischer Oberster gewesen und beim Sturm auf Leipzig geblieben. Wir fanden unter anderem viele Briefe seiner Gattin an ihn, die die innigste Liebe und Zärtlichkeiten atmeten, die ihn beschworen, »sich ihres kleinen Louis und der zarten Adele wegen zu schonen und ihr nicht noch mehr Unglück und Elend zu bereiten, da sie ja schon drei Brüder im Kriege verloren«. Wie bedauerten wir das arme Weib! Ihr Gatte war erschlagen, ihre Briefe, gewiß ein Heiligtum für ihn, waren in den Händen fremder Menschen und ihre Hoffnungen vernichtet. Wahrlich, in dem Augenblick trat der Krieg wie ein blutiges Gespenst vor unser Auge, das uns mit Schauder und Entsetzen erfüllte. Voll Wehmut betrachteten wir die Briefe unserer Eltern und Freunde und sahen schon im Geist unser Grab vor uns und die Briefe – zu Patronen verbraucht.[70]

Eine Einquartierung, die wir bestimmt erwartet hatten, wurde uns in den folgenden Tagen nicht. Wir lagen draußen im Freilager, dicht beim Schindanger und mitten unter toten Menschen und Pferden, die erst am dritten Tag eingescharrt wurden. Nichts ist schrecklicher als der Anblick einer solchen Beerdigung! Die nackten Leichname werden je zwei und zwei zusammengebunden, auf einen Schubkarren geladen und in eine große Grube geworfen, die mit Kalk und Erde bedeckt wird, wenn ihrer dreißig bis vierzig darin, Freund und Feind, einander in den Armen liegen.

Niemand drückt hier den Armen das Auge zu, es starrt

gebrochen das feindliche Leben an. Niemand gibt ihnen ein Liebeszeichen mit, nur Kalk wird hinterhergeworfen, um sie schnell in Staub und Asche aufzulösen. Niemand folgt ihrer fremden Bahre als höchstens eine Träne des Mitleids, nicht dem Toten – denn wer kennt ihn? –, sondern dem Lose des Kriegers geweint. Kein Glockengeläut erschallt, kein Sterbelied begleitet ihr Hinabsinken. Es ist, als geschähe etwas ganz Alltägliches, so gleichgültig gehen die Menschen vorüber und ihren Geschäften nach. Mag der Krieg, dieses große Schauspiel, eine solche Behandlung der Toten nicht nur entschuldigen, sondern auch verlangen, es empören dennoch diese Szenen, wenn man der Feierlichkeiten gedenkt, die eine Beerdigung im Frieden veranlaßt. Zu sehr ist ein weiches Herz daran gewöhnt, als daß es nicht den Krieger beklagen sollte, der nach seinem Tode in der Feldschlacht, nackt, vielleicht an seinen Mörder festgebunden, in die kalte Erde geworfen wird, um sie ein halbes Jahrhundert zu düngen. So gern sich der Blick hiervon fortwendet, so gibt es doch rohe Seelen genug, die die Neugierde treibt, Szenen der Art aufzusuchen. Ich habe in Leipzig Frauen gesehen, deren Anzug wenigstens Wohlstand verriet und auf Bildung hindeutete, die an den Armen ihrer Männer die Spaziergänge in der Stadt besuchten, um die Toten zu besichtigen. Oft wurden die nackten Toten von ihnen umgewendet, um ihre Todeswunden zu sehen, und wenn sie sich dann auch wohl schaudernd fortwandten, so fiel ihr Blick doch einen Augenblick darauf auf ein anderes Opfer, das nicht beweint, sondern nur besichtigt wurde.

Leipzig selbst lag voller Garden, und daher hatten wir freilich keinen Platz mehr daselbst. Wäre daher nicht jeder einzelne durch gemachte Beute imstande gewesen, Stärkung und Labung in der Stadt zu suchen, so würden wir die drei Tage ein höchst elendes Leben geführt haben, weil die Verpflegung nur sehr notdürftig war. Unsere Magazine waren noch in Eilenburg. So aber kümmerten wir uns wenig darum. Dagegen hatten die verwundeten Franzosen ein höchst trauriges Los. Niemand kümmerte sich um sie. Ich sah einen Unglücklichen, der den Arm in einer Binde trug, obgleich er nur noch an einigen Nerven hing. Schon war der kalte Brand hinzugeschlagen und der ganze Arm kohlschwarz. Wie bewußtlos schlich der Leidende einher, an rohem Pferdefleisch nagend. Rußlands Szenen erneuerten sich hier. An toten Pferden sah ich manche liegen und Mahlzeit halten, und andere suchten den Hafer aus dem Pferdemist und schluckten ihn gierig hinunter. Vor den Türen, auf öffentlicher Straße lagen sie halbnackt und bettelnd, ohne Samariter zu finden. Kalt und gleichgültig schlichen die Hausbewohner über sie fort und würdigten sie kaum eines Blickes. So groß war die Erbitterung gegen sie. Viele, die helfen wollten, waren wieder zu arm dazu, denn es herrschte in den Tagen in der Stadt ein so großer Mangel, daß kaum für die verwundeten Sieger gesorgt werden konnte.

(Th. Rehtwisch, Aus dem Tagebuch eines Freiwilligen)

GNEISENAUS TRIUMPH

Die Zeitgenossen feierten den Fürsten Schwarzenberg als den Sieger der Leipziger Schlacht. Wir dagegen wissen inzwischen, daß nicht zuletzt die strategische Kunst des August Wilhelm Anton Neidhardt von Gneisenau (1760–1831) den Ausschlag gab, daß durch den kühnen Rechtsabmarsch der Schlesischen Armee Napoleon in der Leipziger Ebene zugleich von zwei Seiten her gestellt werden konnte. Insofern wurde für Gneisenau der Einzug in die eroberte Stadt an der Seite Blüchers zur größten Stunde seiner bisherigen militärischen Laufbahn. Seit seiner siegreichen Verteidigung Kolbergs (Kolobrzeg) gegen die Franzosen im Jahre 1807 hatte er auf die Befreiung von der Fremdherrschaft hingearbeitet: bei der maßgeblichen Teilnahme an der preußischen Heeresreform, in den wiederholten Plänen, die den König zum Kampf auf der Basis einer allgemeinen Volksbewaffnung aufforderten, und noch jüngst während des Waffenstillstandes, als er mit Umsicht und Energie den Aufbau der schlesischen Landwehr leitete. Familienleben und Besitz, Anstellung und Karriere – alles hatte er in diesen Jahren geopfert im Dienst für das Vaterland. Von daher wäre die Siegesfeier auf dem Markt, die das Planen der Reformer nun über jede Erwartung bestätigte, der rechte Anlaß gewesen, daß spätestens jetzt Friedrich Wilhelm III. sich zu Dank und Anerkennung bereitgefunden hätte. Aber da Preußens König »politische« Offiziere ohnehin nicht schätzte und ihm Gneisenaus eher deutschnationale, »jakobinische«, leidenschaftliche Denkungsart schon seit den Tagen der Reform unbehaglich war, unterblieb dieser Dank. Uns ist leicht verständlich, daß sich Gneisenau – bei aller Freude an dem Sieg – gegenüber seinem Freunde und Gesinnungsgenossen Clausewitz angesichts einer solchen Mißachtung seiner Verdienste um den Sieg der Verbündeten nur zutiefst verbittert äußern konnte.

[An die Gattin]

Wetterwitz[71] bei Leipzig, den 18. Oktober 1813 des Morgens 5 Uhr.

Ich schreibe dir am Morgen einer Schlacht, wie sie in der Weltgeschichte kaum gefochten ist. Wir haben den französischen Kaiser ganz umstellt. Diese Schlacht wird über das Schicksal von Europa entscheiden.

Schon vorgestern hat die Blüchersche Armee[72] abermals einen herrlichen Sieg erfochten. Wir hatten das beste französische Armeekorps, das des Marschalls Marmont,[73] dann noch das 4. und 7. Armeekorps, einen Teil der französischen Garden, und ein polnisches[74] Korps gegen uns. Der Kampf war lang und hartnäckig; er kostete viel Blut. Wir warfen den Feind dennoch endlich aus seinen Stellungen heraus.

Die Tapferkeit der Truppen unterstützte auf das herrlichste unsere Anordnungen. Wir hatten uns in Bataillonsmassen aufgestellt. Das feindliche Geschütz wütete darin sehr. Unsere Landwehrbataillone taten herrlich. Wenn eine feindliche Kugel 10 bis 15 Mann darniederriß, riefen sie: Es lebe der König! und schlossen sich wieder in den Lücken über die Getöteten zusammen.

Das Schlachtfeld ist mit Toten und Verstümmelten bedeckt, wie selten. Gott lob! viel mehr Franzosen als der Unsrigen. Indessen ist unser Verlust ebenfalls groß. Das Yorcksche Korps allein hat 6000 Mann verloren, ohne den Verlust der Russen zu rechnen.[75]

Einige und vierzig Kanonen haben wir abermals erobert, und so viel Pulverwagen, daß wir das, was wir in der Schlacht verschossen, wieder haben ergänzen können.

August[76] war während der Affäre von Wartenburg am 3. dieses[77] sehr böse gewesen, daß ich ihn bei dem Gefolge des Generals zurückgelassen hatte, obgleich er auch dort in der Gefechtlinie war. Ich erlaubte ihm daher mit der Kavallerie der Avantgarde vorzugehen und beim Nachhauen zu sein. Es kam damals zu nichts. Am Vorabend des vorgestrigen Schlachttages bat er mich bei der Kavallerie sein zu dürfen. Ich tat seinen Willen und sandte ihn zu dem tapferen Obersten v. Katzeler. Dort hat er drei Kavallerieangriffe mitgemacht. Der Oberste will ihn nun zu seinem Regimente haben und ihn zum Offizier machen. In das letztere habe ich nicht gewilligt. Das erstere habe ich in Augusts Wahl gestellt. Noch weiß ich seinen Entschluß nicht.

Gott befohlen! Eine halbe Million Menschen stehen jetzt auf einem engen Raum zusammengedrängt, bereit sich wechselweise zu vertilgen. Wenn nicht große Fehler begangen werden, so sind wir Sieger. Durch die Schritte, die unsere Armee getan hat,[78] durch ihre kühnen Bewegungen, durch die Schlachten und Gefechte, die sie gewonnen und durch die Ratschläge, die von unserem Hauptquartier ausgegangen sind, hat selbige zur vorteilhaften Wendung des Krieges so ungemein viel beigetragen. Die Siege der anderen Armeen sind ohne Folgen geblieben, und nur die unsrigen haben auf den Gang der Begebenheiten gewirkt. Die Nachwelt wird erstaunen, wenn dereinst die geheime Geschichte dieses Krieges erscheinen kann.

Umarme die Kinder, und Gott nehme Euch in seinen Schutz.

N. v. Gneisenau

Gestern abermals hatten wir ein sehr schönes Gefecht mit unserer Kavallerie, wo wir dem Feinde Kanonen abnahmen und ihn in die Vorstädte von Leipzig warfen.

Nun fängt der Krieg in dem hiesigen schönen Landflecke zu wüten [an]. Wir kommen zwar in Häuser mit unserm Hauptquartier, haben aber darin fast keine Stühle noch Tische. Alles wird bei den Biwakfeuern verbrannt. Gestern holten die Russen aus dem mit Landhäuser angefüllten Gohlis die kostbarsten Meubles, um sich damit zu wärmen, darunter selbst kostbare Fortepianos.

[An die Gattin]

Leipzig, den 19. Oktober 1813.

Die große Schlacht ist gewonnen, der Sieg ist entscheidend. Gestern kämpften die ungeheuern Massen gegeneinander. Ein Schauspiel, wie es seit Tausenden von Jahren nicht gegeben hat. Von einer Höhe konnte ich die jenseitige Armee übersehen; die unsrige focht diesseits. Viel Blut ist geflossen. Auf meilenlangen Strecken liegen die Toten und Verstümmelten. Wir drängten endlich die französische Armee in einem engen Raum dicht bei Leipzig zusammen. Die Nacht ließ endlich das Feuer aufhören. Heut früh griff ein Teil unserer [der Schlesischen] Armee Leipzig an. Das preußische Korps unter General Yorck[79] war bereits in der Nacht vorausmarschiert, um dem Feind auf seinem Rückzug zuvorzukommen.[80] Unser Angriff auf Leipzig war sehr blutig. Nach vielen Stunden Arbeit erstürmten unsere Truppen die Stadt. Von allen Seiten begegneten sich die Truppen der verschiedenen Armeen. Der General Blücher und wir waren die ersten, die einzogen. Wir wurden von dem Freudengeschrei der Einwohner und von dem Hurrarufen der siegenden Truppen bewillkommt. Wir fanden eine Menge Gefangene, 20 000 Verwundete, noch viel mehr Kranke. Die Toten lagen überall umher. Eine Menge Geschütz ist erobert, fünfhundert Munitionswagen. Viele Generale sind in unsern Händen. Zertrümmerte Häuser, umgeworfene Bagagewagen, Truppen aller Nationen. Es ist eine Verwirrung ohnegleichen. Eine Stunde später als wir zogen der Kaiser Alexander, der Kaiser Franz,[81] unser König, die Prinzen und die Generalität aller Nationen ein, denn wir hatten mehrere gefangene Generale.

Alle Anstalten sind getroffen, um den Feind aufs lebhafteste zu verfolgen. Den Rest seiner Armee wollen wir vernichten.

So weit habe ich es endlich gebracht. Vieles habe ich zu dieser Wendung der Angelegenheiten beigetragen. Ich genieße jetzt die Belohnung für langjährige Sorgen und Mühen. August ist gesund. Umarme die Kinder. Gott mit Euch.

[An Clausewitz[82]]

Leipzig, den 19. Oktober 1813.

Der König hat mir, als alles in Leipzig auf dem Markt versammelt war, einige kalte, doch etwas freundliche Worte der Zufriedenheit mit unserer Armee gesagt. Mir persönlich nichts. Noch habe ich kein Wort der Zufriedenheit über unsern Elbübergang und die folgenden Kriegsbegebenheiten erhalten. Dagegen sagte mir der Kaiser Alexander die schönsten Dinge, ebenso der Kaiser Franz und der Fürst Schwarzenberg. Aber Sie sehen, wie tief gewurzelt die Abneigung des Königs gegen alle diejenigen ist, die nicht gleiche politische Gesinnungen mit ihm gehabt haben. Sowie indessen dieser heilige Krieg vorüber ist, so trete ich aus seiner Armee und will lieber das Brot des Kummers essen, als diesem unfreundlichen Herrscher mich in seiner Armee aufdrängen.

(K. Griewank, Gneisenau)

AUF DEM RÜCKZUG ZUM RHEIN

Die von Gneisenau geforderte Verfolgung der Franzosen geschah nicht so nachdrücklich, wie sie eigentlich gedacht war. Trotzdem nahm der Rückzug immer mehr den Charakter einer Flucht an, die dafür sorgte, daß von den aus der Leipziger Schlacht geretteten etwa 80 000 Mann allenfalls noch 60 000, oft typhuskranke Soldaten den Rhein überschritten. Napoleons politische Schöpfung, der Rheinbund, löste sich auf. Deutschland war frei bis auf eine Anzahl besetzter Festungen. Wie es bei dieser Flucht zuging, erzählt schlaglichtartig unser Bericht. Von der ewig ängstlichen und kleinlichen preußischen Zensurbehörde jetzt weniger als früher behindert, wagt man es, eine ganze Kette französischer Vergehen mit ziemlicher Bissigkeit und Ironie zu dokumentieren. Dabei verfährt man reichlich parteilich. Doch gerade damit dürfte das Erzählte so etwas wie eine Ventilwirkung hervorgerufen haben. Ungute Erfahrungen mit Napoleonischen Truppen hatte seit 1806 wohl ziemlich jeder gemacht. Nunmehr las man davon nochmals aus dem Rückblick (der Artikel erschien Anfang 1814), und zu Entrüstung und Anteilnahme gesellte sich der Dank, die Franzosenzeit offenbar nun endgültig überstanden zu haben.

Die politische Zeitschrift »Das neue Deutschland«, aus der wir zitieren, war 1813 aus aktuellem Anlaß entstanden. Programmatisch hieß es in dem ersten Heft, das die Leser zur Mitarbeit aufforderte: »Das alte Deutschland wird und muß neu erstehen. Das mächtige Rußland, Preußen und jeder redliche Deutsche will dies, und das große Werk wird gelingen, denn Gott ist mit uns. Er, der Höchste, hat sein Schwert selbst erhoben. Er hat das Gericht eröffnet. Deshalb nennen wir unser Werk das neue Deutschland.« Eben dieser Ansatz besiegelte dann aber auch das Ende der Zeitschrift: An der Herstellung eines erneuerten Deutschland war den deutschen Fürsten auf Grund ihrer territorialen Sonderinteressen spätestens seit dem Herbst 1813 nicht mehr gelegen. Und gleich anderen politischen Zeitschriften schlief darum auch »Das neue Deutschland« still ein, wobei die preußische Zensur das Ihre dazu beigetragen haben mag. Heute ist diese Zeitschrift durch ihre umfängliche Sammlung von Erlassen, Berichten und Kommentaren zur Tagespolitik eine ausgesprochen wichtige Quelle.

In *Gotha* ging die Plünderungswuth der Franzosen so weit, daß sie in die Lazarethe stürzten, und ihren eigenen Waffenbrüdern, die darin krank und verwundet lagen, die Decken vom Leibe nahmen, und die Matratzen unter ihnen wegzogen.[83] Der Kaiser hatte dort im Gasthofe zu den drei Mohren logirt. Er wollte anfänglich um 10 Uhr des Abends weiter gehen; allein er wartete noch einige Kouriere ab, und verzögerte darum seine Abreise bis des Nachts um 1 Uhr. Die frühere Rechnung war berichtiget; das, was aber von ihm und seinem ganzen ansehnlichen Gefolge von 10 Uhr an verzehrt worden, war noch nicht bezahlt. Der Offizier, der die Reiserechnung führte, war schon fort, der Wirth des Hauses fragte daher den Kaiser, an wen er sich wegen Bezahlung dieser nachträglichen Rechnung zu wenden habe. »Man muß sich jetzt an alles gewöhnen,« geruhten Se. Majestät lächelnd zu erwiedern, ließen den Mann mit leeren Händen stehen, setzten Sich in den Wagen und fuhren davon. Die Abreise glich einem Leichenzuge. Der Kaiser fuhr langsam, Schritt vor Schritt, seine Eliten ritten dicht neben ihm, und einige Fackeln leuchteten ihm mitten durch seine sterbenden Soldaten, die am Wege lagen, und unter unsäglichen Schmerzen, verlassen von aller menschlichen Hülfe, dem Tode entgegen grinzten.

In *Vach*[84] dachten Se. Majestät größer als in Gotha; der Pächter daselbst, bei dem Allerhöchstdieselben abgestiegen waren, bat bei der Abreise des Monarchen um Berichtigung, der durch seine Anwesenheit aufgelaufenen Kosten; Se. Majestät geruhten daher, demselben statt baaren Geldes, einen alten auf der Reise unbrauchbar gewordenen Wagen zu verehren.

Der König von Neapel[85] war in Fulda der erste der zurückkehrenden Armee. Er fragte den dasigen Postmeister nach Neuigkeiten; dieser überreichte ihm das Meisterstück aller französischen Armeeberichte vom 24sten v. M.;[86] der König las es leise durch und lachte bei einigen Stellen laut auf. Er war übrigens heiteren Sinnes, und aus seinen Aeußerungen konnte man folgern, daß ihm die Ereignisse der französischen Armee nicht unerwartet gewesen waren.[87]

Der Kaiser, der weit später in Fulda eintraf, frühstückte vor der Stadt im Bivouak.[88] Er ließ einen von früher Zeit her ihm bekannten Bürger aus der Stadt kommen, und eröffnete die Unterhaltung mit der gewöhnlichen Frage, wie es ihm gehe: »Schlecht,« antwortete der Unbefangene ganz offenherzig: »Ihre Soldaten haben mich in diesem Augenblick rein ausgeplündert.« – »Im Kriege ist das nicht anders« entgegnete Se. Majestät, über die Dreistigkeit des Unglücklichen etwas empfindlich. »Solche kleine Unannehmlichkeiten kann kein Mensch ändern.« Der Kaiser fragte hierauf nach den Kosaken,[89] welche die Gegend umschwärmten, und als er hörte, daß sie ziemlich nahe seyn müßten, ließ er bald wieder aufbrechen und weiter marschieren.

Das Dorf *Buttlar* befahl der Kaiser niederzubrennen, um die Nachsetzenden aufzuhalten. Hinter Buttlar fließt die *Ulster*, über welche eine steinerne Brücke führt. Rechts und links konnten die Korps, die ihm dicht auf dem Nacken waren, nicht über den tiefen reißenden Strom; durch die engen Straßen des brennenden Dorfs, war es unmöglich, sich einen Weg zu bahnen. Er erreichte also durch diese grausame Maßregel seinen Zweck größtentheils.

An der Spitze der Plünderer befanden sich überall die Kaiserl. Garden. Offiziere, das Zeichen der Ehrenlegion[90] auf der Brust, waren ihre Anführer; sie übertrafen die raubgierigsten Mordbrenner, sie mißhandelten die Hausbesitzer auf das grausamste, schändeten die ehrbarsten Frauen und Mädchen, und stachen sich, uneins über die Beute ihrer Habsucht oder ihrer viehischen Wollust, oft einander selbst über den Haufen. Zu *Gelnhausen* brachen sie in eine Apotheke ein. Spiritus und Oel, Chokolade und Brechwurzel, Honig und Laxirlatwerge,[91] alles verschlangen sie mit unbeschreiblichem Heishunger.

Der langjährige Druck des französischen Despotismus und jetzt die letzte tyrannische Behandlung beim Abschiede, haben das Deutsche Volk in Sachsen und Thüringen in dem Grade gegen die Franzosen erbittert, daß die Bauern des letztern Landstrichs keinen gebliebenen Franzosen begraben; eine Gemeinde hat ausdrücklich erklärt, daß sie der deutschen Erde nicht werth wären, sondern als Speise für die Raben auf ihren Fluren liegen bleiben sollten.[92] –

(Das neue Deutschland)

DIE SIEGESMELDUNG

Gewöhnlich dauerte eine Reise von Leipzig nach Berlin annähernd drei Tage. Kuriere benötigten etwa die Hälfte der Zeit. So erfuhr man in Berlin von der siegreichen Wende, die die Völkerschlacht am Montag abend (18. Oktober) genommen hatte, erst am Mittwoch nachmittag. Schon diese Nachricht vor dem endgültigen Sieg genügte, daß die Berliner in einen wahren Freudentaumel gerieten. In der Hauptstadt und überall dort, wohin die Siegesmeldung in den nächsten Tagen gelangte, kam es zu spontanen Feiern. Nach den bereitwilligen Opfern seit dem Frühjahr, den bangen Wochen im Sommer und den Teilerfolgen im August/September war nun endlich der große, befreiende Schlag geglückt! Mitgefeiert hatte offenbar auch das Berliner Militär-Gouvernement; jedenfalls lassen die verzögerte – nur schlecht entschuldigte – Weitervermittlung der Siegesbotschaft und der unausgeglichene, einmal sogar auffällig derbe Stil daran denken. Aber Aufmerksamkeit verdient dieser Text, zumal wenn man ihn mit den drei weiteren, hier folgenden Siegesmeldungen in Zusammenhang bringt, auch noch in anderer Hinsicht: Was für uns gerade den Reiz ausmacht, nämlich daß man die allmähliche Vervollständigung der Siegesbotschaft miterleben kann, zeigt zugleich einmal mehr die Schwierigkeiten, mit denen damals das Pressewesen zu kämpfen hatte. Angewiesen auf beinahe zufällige, gewissermaßen »tröpfelnde« Mitteilungen, war es alles andere als einfach, ein hinreichend klares Bild zu gewinnen. Auch dieses Defizit mag dazu beigetragen haben, daß sich recht bald legendäre Züge mit dem tatsächlichen Ereignis mischten, wie vor allem der Bericht der »Feld-Zeitung« veranschaulicht. – Angesichts der Fülle aufgezählter Fakten, die in den vier Texten begegnen, soll sich die Kommentierung auf offenkundig falsche Informationen und auf die wichtigsten Namen und Sachen beschränken.

[Das Berliner Militär-Gouvernement an das benachbarte in Stargard (Pommern)[93]]

Die Residenz befand sich von gestern Nachmittag bis spät in die Nacht in einem Freudentaumel, der unmöglich zu beschreiben ist. Die Nachricht des großen Sieges vom 18ten, welche wir dem Publikum sofort durch das in zwey Exemplaren beyliegende Extra-Blatt[94] bekannt machten, hatte alles electrisirt. Die Straßen füllten sich mit freudetrunkenen Menschen, alles jauchtzte dem Könige, der Armee ein tausendfältiges Lebehoch! Im Schauspiel wurde das: Heil dir im Sieger-Kranz[95] mit Enthusiasmus gefordert und gesungen. Das Publikum war so reitzbar, daß es jede Gelegenheit ergriff, seinen Gefühlen Ausdruck zu geben. Rührend und herrlich war der Eindruck, welchen die Worte des alten Richard (in der Schweizer-Familie) am Ende hervorbrachten: Noch lebt der alte Gott.

Die Stadt war am Abend glänzend erleuchtet und des Jauchtzens auf den Straßen kein Ende. Morgen Mittag werden alle Kirchen geöffnet sein, um Gott für diesen großen Sieg zu danken. Wir würden schon gestern Einem Hochlöblichen Militair-Gouvernement diese Extrablätter überschickt haben, wenn nicht die Zeit uns dieses Vergnügens beraubt hätte. Inzwischen hoffen wir, daß die Zeitungs-Expeditionen der ihnen gemachten Auflage gemäß die Extrablätter bereits eingeschickt haben werden. Heute um 3 Uhr wird der in der Nacht vom 19ten auf den 20ten von Leipzig als Courier abgegangene Rittmeister v. Auen mit 24 blasenden Postillionen unter dem Geläute aller Glocken eingeholt. Am nächsten Sonntag lassen wir hier und in den Kirchen unsers Gouvernements ein Tedeum feierlich und unter dem Donner der Kanonen absingen. Wir verfehlen nicht, Einem Hochlöblichen Militair-Gouvernement die Abschrift eines Briefes ganz ergebenst hierdurch mitzutheilen, welchen wir von dem Major v. Thiele[96] erhalten haben. Die alliirten Truppen haben treflich gefochten. Der Kaiser hat eine halbe Stunde vor der Erstürmung Leipzigs die Stadt zu Fuß verzweiflungsvoll verlassen; es ist zu hoffen, daß man seiner vielleicht selbst habhaft werden wird. Augerau soll schon vor Leipzig geblieben sind, und Poniatowsky sich ersäuft haben.[97] La Tour Maubourg hat ein Bein verlohren und ist noch weg transportirt worden. 14 Andere Generals sind gefangen. Von unsern Generalen ist keiner gefallen. Der Prinz von Hessen-Homburg ist in die rechte Schulter blessirt, aber nicht gefährlich. Steinmetz ist schon früher gefährlich blessirt worden. Der Major v. Oertzen ist an der Seite des General-Lieutenants v. Bülow geblieben. Nachdem Leipzig mit Stürmenderhand genommen war, ist zuerst der Kronprinz von Schweden, und dann unser König und der Kaiser von Rußland in die Stadt eingezogen. Alle Einwohner jauchtzten den Monarchen entgegen. Der Kronprinz wartete ihrer zu Fuß vor dem Hause, welches der König von Sachsen für sich eingerichtet hatte. Die Monarchen stiegen ab, und alle drey umarmten sich auf offnem Markte. Der König von Sachsen stand von weitem und machte tiefe Verbeugungen. Die alliirten Truppen haben sich mit einer Ordnung in Leipzig betragen, welche nach einem Sturm ohne Gleichen ist. Täglich sehen wir nun den nicht zu berechnenden Resultaten dieser Weltschlacht entgegen. ...

Berlin, den 21ten October 1813.

Allerhöchstverordnetes Militair-Gouvernement des Landes zwischen Elbe und Oder.

A. W. v. L'Estocq. Sack.

[Extra-Blatt]

Berlin, den 20sten October.
Nachmittags 3 Uhr.

Die Tage vom 16ten und 17ten d. M. waren Vorboten der furchtbaren Explosion, die dem französischen kombinirten Heere bevorstand.

Den 18ten entwickelte sich unter Anführung des Kaisers Napoleon bei Leipzig eine Schlacht, die in den Annalen der Welt ewig merkwürdig bleibt. 500 000 Mann fochten gegen einander. Die Schlacht war langwierig und fürchterlich. Sie begann Morgens 8 Uhr und endete mit Eintritt der Nacht. An 2000 Stück Geschütz von beiden Seiten trugen zur Entscheidung des Tages bei.

Viele der Tapfern fielen ohne Entscheidung für das Gefecht; endlich verlieh uns der Herr den Sieg, und der Feind, bis unter die Mauern von Leipzig zurückgedrängt, wandte sich unter Begünstigung der Nacht zur Flucht vor den kombinirten Fahnen und trat seinen Rückzug über Weißenfels und Merseburg an. – Während des Kampfes verließen 11 Bataillone Sachsen mit dem General Ryssel, 1 Eskadron Sächsische Husaren, 2 Eskadrons Klemens Lanziers,[98] 3 Batterien, bestehend aus 30 Stück Geschütz, und eine Brigade Würtembergische Kavallerie unter dem General Normann die feindlichen Adler und vereinigten sich mit uns für die allgemeine Sache, indem sie sogleich Theil an der Schlacht nahmen. – Dies sind die vorläufig bekannten Resultate.

Der Kourier, der eben diese Nachricht dem Königlichen Militair-Gouvernement überbringt, wurde gestern früh um halb neun Uhr vom Kronprinzen von Schweden Königliche Hoheit abgefertigt, während sämmtliche Kavallerie im Verfolgen des Feindes begriffen war.

[Extra-Blatt No. 25
der Haude- und Spenerschen Zeitung.]

Berlin, vom 21ten October.

Offiziell hier eingegangenen Nachrichten zufolge sind die kombinirten[99] Armeen, die beiden Kaiser und des Königs von Preußen Majestäten an ihrer Spitze, am 19ten Mittags um 1 Uhr siegreich in Leipzig eingezogen, nachdem gedachte Stadt am 18ten Nachmittags mit Sturm genommen worden war;[100] Se. Majestät der König von Sachsen hat sich in den Schutz der verbündeten Monarchen begeben und befindet sich ebenfalls in Leipzig anwesend; vierzehn feindliche Generale, unter denen sich der französische Reichsmarschall Macdonald, desgleichen die Generale Lauriston, Bertrand, Reynier und Souham befinden, fünf und dreißig tausend Gefangene, einhundert und achtzig Kanonen und eine unermeßliche Bagage sind die Trophäen des ewig denkwürdigen 18. Octobers.[101]

In Halle erschien nachstehender gedruckter Anschlag:

Gott hat uns den Sieg gegeben. Der Feind ist auf allen Punkten geschlagen. Die Sächsische Armee hat Gelegenheit gehabt, ihr Gefühl für die gerechte Sache an den Tag zu legen, sie hat sich mit uns vereinigt. – Halle, den 19ten October 1813.

v. Yorck,
General-Lieutenant.

[Die preußische Feld-Zeitung über die Zustände in und bei Leipzig nach der Völkerschlacht]

Die blühenden Umgebungen Leipzigs sind von der Armee des Protectors der Rheinbundesstaaten in eine Wüste verwandelt. Die Franzosen haben mit einer Barbarei verheert, die in der Geschichte der neuen Zeit ohne Beispiel ist. Die Dörfer Schönfeld, Probsthayda, Dösen, Delitz, Wachau, Liebertwolkwitz, Lindenau, Pfaffendorf, Connewitz, Gröbern, die Häuser in den Kohlgärten, die sogenannten Straßenhäuser[102] u. a. m. liegen ganz oder zum Theil in Asche; woran seit länger denn drei Jahrzehnten gebaut und geschmückt worden, ist in drei Tagen bis auf den Grund zerstört. Anderthalb Meilen lang und eine Meile breit ist das Schlachtfeld wie eine Scheuntenne platt getreten; diese ganze große Schauder-Fläche ist heute noch (den 24. October) bedeckt mit Tzakots, Tornistern, Mänteln, Gurten, Stiefeln, Rädern, Achsen, Deichseln, Wagen, Pferden und Menschen; letztere beide liegen hie und da Reihenweise dicht neben einander, so mörderisch hat das Feuer der verbündeten Truppen diesmal in dem französischen Heere gewüthet. Die französischen Gefangenen sind zum Begraben der Leichen beordert und haben noch wenigstens zwei volle Tage damit zu thun. In den Vorstädten von Leipzig sind an mehreren Häusern die Spuren der Kartätschenkugeln und des kleinen Gewehrfeuers zu sehen; der 4jährigen Tochter des Advokaten Römisch riß eine Kanonenkugel im Zimmer ihrer Eltern den Arm weg. In den Lazarethen allein in Leipzig liegen über 25000 Blessirte, wovon 4/5 Franzosen sind; bis jetzt sind 60000 französische Gewehre in der Stadt und auf dem Schlachtfelde gefunden worden; stündlich werden immer noch mehrere abgeliefert. Der Empfang der Kaiser, des Königs und des Kronprinzen von Schweden bei ihrem Einzuge in Leipzig war ein herzerhebender Augenblick. Sämmtliche Einwohner allen Alters, aller Geschlechts-Stände eilten ihnen entgegen; viele warfen sich im Uebermaaß der Freude auf ihre Knie; tausend und aber tausend Stimmen riefen ihnen aus vollem Herzen ihren Willkommen entgegen; Tausende schleuderten die Hüte in die Lüfte, Tausende streckten die Arme ihnen weit entgegen und segneten, Freudenthränen im Auge, die Siegreichen für ihre Befreiung. Leipzig hat die Ehre, auf seinen Gefilden die deutsche Freiheit erkämpft zu sehen, theuer bezahlt; aber es wird durch seinen nun entfesselten Handel den Schlag bald vergessen, den ihm Napoleon durch die Sammlung seiner Heere in seiner Nähe bereitete. Napoleon war der Stadt Leipzig nie hold,[103] denn er kannte die gediegene Deutschheit der biedern Leipziger.

(J. v. Pflugk-Harttung, Das Befreiungsjahr 1813)

Napoleon als Nußknacker.
Zeitgenössische Karikatur

Französische Infanterie treibt requiriertes Vieh
bei Paunsdorf vorüber.
Stich von C. G. H. Geißler

Französische Verwundete aus dem Reitergefecht
bei Liebertwolkwitz am 14. Oktober 1813 in Leipzig.
Stich von C. G. H. Geißler (1770–1844)

Napoleon (sitzend) im Biwak neben dem Galgen
der Stadt Leipzig am 14. Oktober 1813

Napoleons Flucht aus Leipzig am 19. Oktober 1813.
Stich von C. G. H. Geißler

Der Kampf vor dem Inneren Peterstor am 19. Oktober 1813.
Stich von C. G. H. Geißler

Poniatowskis Tod in der Weißen Elster am 19. Oktober 1813.
Zeitgenössischer Stich

Der Einzug der Verbündeten
durch das Innere Grimmaische Tor am 19. Oktober 1813.
Stich nach Vorlage von C. G. H. Geißler

Die Siegesfeier der Verbündeten auf dem Markt
am 19. Oktober 1813.
Stich nach Vorlage von C. G. H. Geißler

Vor dem Äußeren Ranstädter Tor, dem Rückzugsweg
der französischen Armee, am 20. Oktober 1813.
Stich nach Vorlage von C. G. H. Geißler

Vor dem Äußeren Hallischen Tor (Gerbertor)
am 20. Oktober 1813.
Stich nach Vorlage von C. G. H. Geißler

Vor dem Äußeren Grimmaischen Tor am 20. Oktober 1813.
Stich nach Vorlage von C. G. H. Geißler

Nach der Schlacht auf dem Johanniskirchhof.
Federzeichnung von E. W. Straßberger

Französische Verwundete in den Erbbegräbnissen
(den »Schwibbögen«) des Johannisfriedhofes

Möckern im Jahre 1814.
Stich von Johann Jakob Wagner (1766–1834)

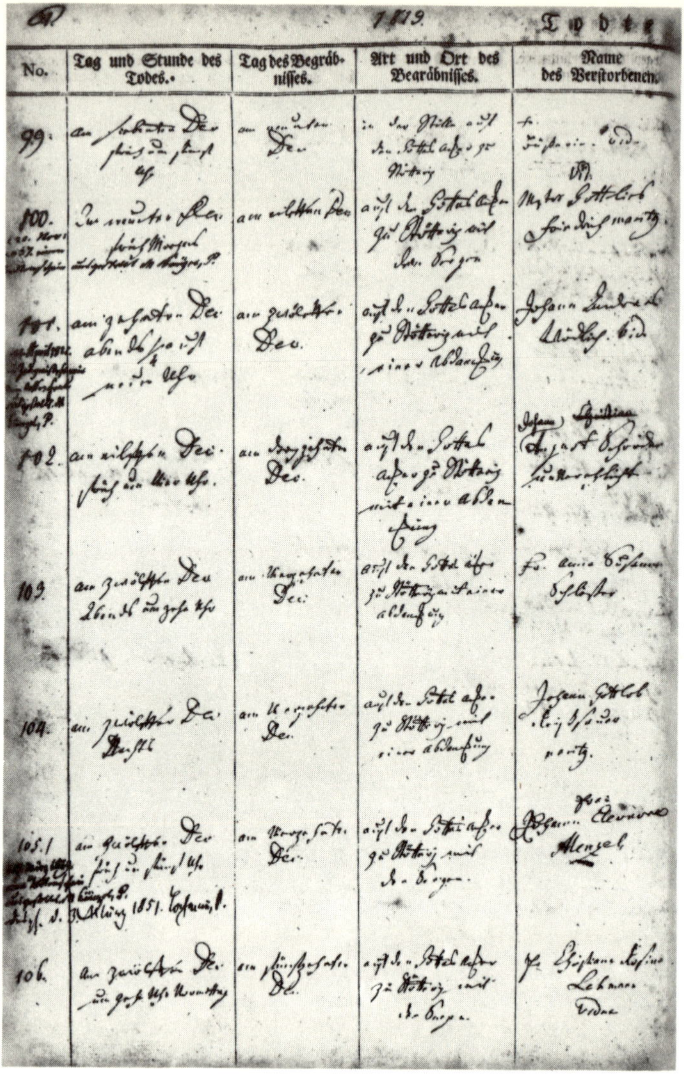

1819. Todte

No.	Tag und Stunde des Todes.	Tag des Begräbnisses.	Art und Ort des Begräbnisses.	Name des Verstorbenen.
99.	[illegible]	[illegible]	[illegible]	[illegible]
100.	[illegible]	[illegible]	[illegible]	[illegible]
101.	[illegible]	[illegible]	[illegible]	[illegible]
102.	[illegible]	[illegible]	[illegible]	[illegible]
103.	[illegible]	[illegible]	[illegible]	[illegible]
104.	[illegible]	[illegible]	[illegible]	[illegible]
105.	[illegible]	[illegible]	[illegible]	[illegible]
106.	[illegible]	[illegible]	[illegible]	[illegible]

Aus dem Sterberegister des Dorfes Stötteritz

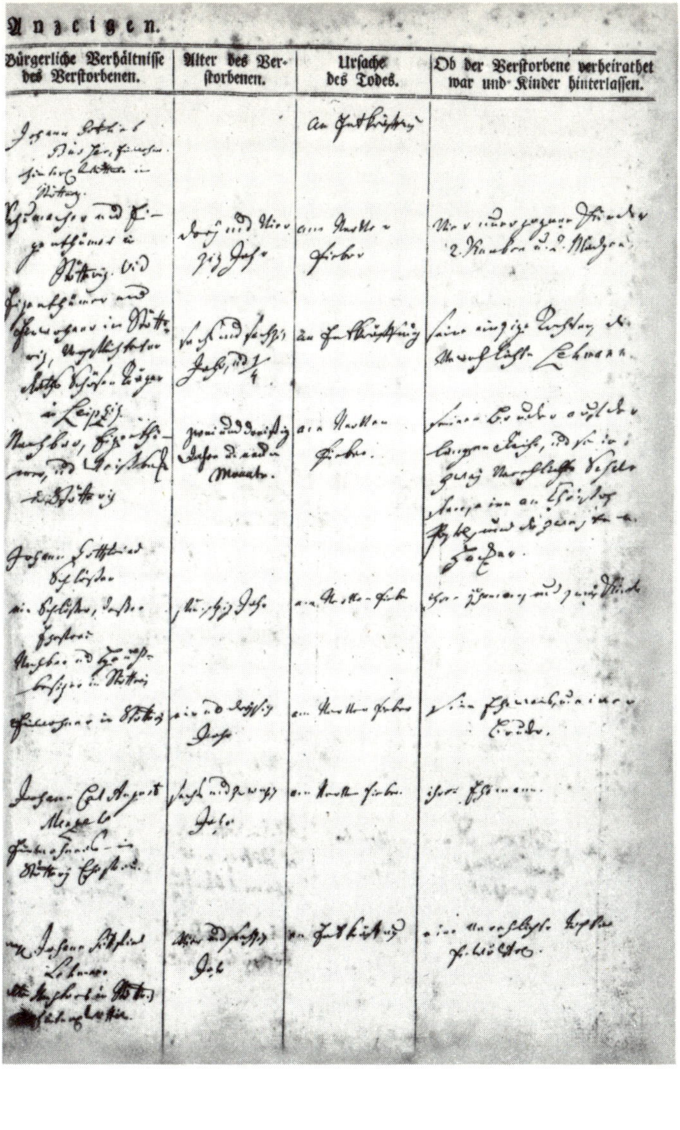

Anzeigen.

Bürgerliche Verhältnisse des Verstorbenen.	Alter des Verstorbenen.	Ursache des Todes.	Ob der Verstorbene verheirathet war und Kinder hinterlassen.

Schönefeld im Jahre 1814.
Stich von J. J. Wagner

Entwurf zu einem Denkmal der Schlacht bei Leipzig. 1814.
Von Friedrich Weinbrenner (1766–1826).
Lithographie

Der Leipziger Lerchenspieß
(Leipzig war bekannt durch seinen Lerchenfang;
hier aktualisiert durch einen Kosaken).
Karikatur von C. G. H. Geißler (?)

Die Leipziger Barbierstube.
Karikatur von C. G. H. Geißler (?)

»Das ist mein lieber Sohn, an dem ich Wohlgefallen habe.«
Zeitgenössische Karikatur auf Napoleon

Wahre Abbildung des Eroberers.
Flugblatt

Die Völkerschlacht bei Leipzig am 18. und 19. Oktober 1813.
Handkoloriertes Kärtchen nach einem Entwurf von Carl von Neander

DER BRIEF EINER LEIPZIGERIN

Briefe oder Berichte von Leipziger Einwohnern über das Ereignis der gewaltigen Dreitageschlacht haben sich in größerer Zahl erhalten. Ja noch bis in unsere Zeit sind weitere neue Funde hinzugekommen. Wir geben dabei dem Brief der Caroline Oldenbourg (1779–1850) den Vorzug, den sie an ihre Mutter, die verwitwete Frau Landschafts-Syndikus Lübeck, vermutlich damals in Weimar, schickte. Im Unterschied zu anderen Beispielen verzichtet dieser Brief auf ein weitausholendes »Schlachtengemälde« und ist auch darum anziehend, weil sich in ihm wohltuend viel Natürlichkeit ausspricht. Mit rascher Feder, lebendig und zuweilen auch gefühlsbetont, werden ohne längeres Bedenken wichtige und weniger wichtige Details aneinandergereiht. So entsteht ein recht unmittelbarer Stimmungsbericht, der erzählt, wie man innerhalb der Stadt die beklemmenden Tage der Schlacht erlebte, danach die ersten Schritte im Alltag versuchte und sich zugleich Sorge machte, wenn man an die nächste Zukunft der nach wie vor überforderten Stadt dachte. Aus Weimar stammend und verheiratet mit einem Leipziger Kauf- und Handelsherrn, war Caroline Oldenbourg zur Zeit der Völkerschlacht laut Kirchenbuch Mutter von sechs kleineren Kindern, und persönlich sah sich die Familie, wie wir lesen werden, vom Kriegsgeschehen auch dadurch betroffen, daß sie die noch nicht lange bezogene Wohnung nahe dem Stadtrande nur stark verwüstet wieder in Besitz nehmen konnte.

Leipzig, den 24. Oct. 1813.

Diesen Brief schreibe ich vorläufig, um die erste Gelegenheit benutzen zu können, um ihn an Sie,[104] liebe Mutter, zu senden, und Sie über unser Schicksal zu beruhigen, denn gewiß hat die tausendzüngige Fama unser Unglück um die Hälfte vergrößert. Wir erwachen wie aus einem langen Schlaf, aber freilich ist unser Erwachen noch nicht mit der Freude gepaart, zu der uns die neue Freiheit von Deutschland berechtigte, denn Leipzig und drey Stunden im Umkreis haben diese Freyheit mit dem theuersten, was der Mensch haben kann, wenn er seine Familie abrechnet, mit seinem Wohlstand erkauft; verbrante Dörfer, ruinierte Gärten, zu denen auch der unsrige gehört, denn wenige Häuser, die noch stehn, sind unbrauchbar, dies sind die Andenken, die uns Napoleon zurück gelassen hat, sein Abzug aus Sachsen gleicht dem Zug des Teufels nach der Hölle, denn gleich ihm ist alle Fruchtbarkeit, alles, was Glück des Menschen heißt, unter seinen Fußtritten versengt und verbrannt. Sie glaubten, liebe Mutter, 1806 das ärgste erfahren zu haben,[105] schwerlich aber kann diese Zeit so verderblich gewesen sein, als die Tage vom 16. 18. und 19. Oktober für uns waren. An dem ersten war die Kanonade schrecklich, 1000 Kanonen, nach genauen Berichten, waren in ununterbrochener Arbeit, wir konnten von unserm Boden aus das Schlachtfeld übersehen, es bildete sich rings um die ganze Stadt, unsre Angst und Besorgnis um dem Ausgang war schrecklich, doch konnte dieses mal nicht alles verlohren werden, es war unmöglich. Den 16. Nachmittags spielte man noch Comödie und ließ während der heftigsten Canonade, zu ehren des Sieges, den man erfochten haben wollte, mit allen Glocken läuten, jedermann lachte darüber, nur die hereinbrechende Nacht machte dem Morden ein Ende, unsre Ohren waren aber so sehr an den unaufhörlichen Donner gewöhnt, daß man noch spät am Abend noch welchen zu hören glaubte. Die Vögel in der Luft flogen verschüchtert und ängstlich herum und suchten ein sichres Obdach. Die Nacht kamen die verwundeten herein, die gantze Stadt wimmelte davon, die mehrsten lagen unter freiem Himmel, und schrieen um Brod, als ich früh erwachte, war es mir eine höchst traurige Empfindung, daß das Tageslicht auch all diese Gräuel beleuchtete. Den Sonntag blieb es ziemlich still bis gegen mittag, wo einige Granaten in die Stadt fielen, und auch

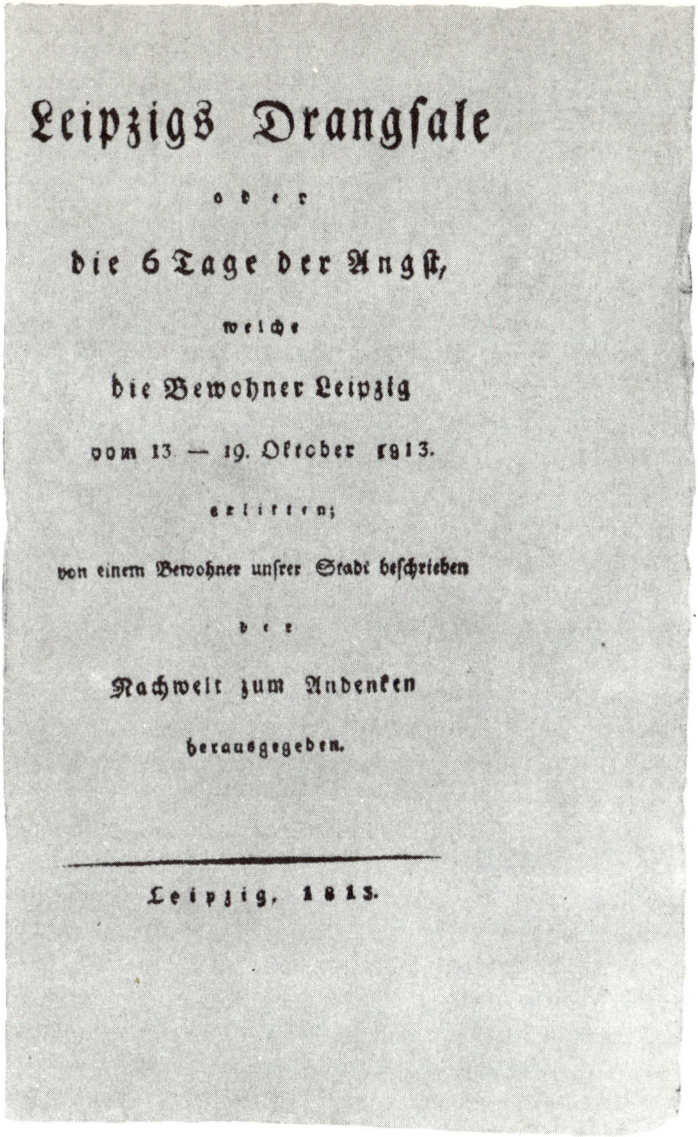

Leipzigs Drangsale

oder

die 6 Tage der Angst,

welche

die Bewohner Leipzig

vom 13 — 19. Oktober 1813.

erlitten;

von einem Bewohner unsrer Stadt beschrieben

der

Nachwelt zum Andenken

herausgegeben.

Leipzig, 1813.

Eine zeitgenössische anonyme Flugschrift

mitunter zündeten, den Montag früh um sieben erneuerte sich das Schauspiel vom Sonnabend, und wir sahen nun deutlich, wie eng die französische Armee schon eingeschlossen war, auch fielen viele Kugeln in die Stadt. In der Nacht vom 18.–19. fing die Armee an zu retierieren, aber in welcher Ordnung? Den 19. früh um sieben Uhr fieng das Gefecht von neuem an, wir konnten, da unser Haus zu sehr von hinten den Kugeln ausgesetzt war,[106] nicht dableiben, sondern giengen zu Bekandten, die in einem Feuer festen Haus wohnten; urtheilen Sie, mit welchen Gefühl ich mich von meiner Wohnung trennte, denn wer konnte wissen, ob ich sie wiederfand. Doch Gott hat die Stadt gnädig beschützt, wir fanden alles glücklich wieder. Schrecklich war noch das Gefecht, durch die Gärten erstürmten endlich die braven Preußen die Stadt, das kleine Gewehrfeuer war heftiger als daß der Kanonen, doch endlich wurde auch daß innere Stadtthor gesprengt, und in allen Straßen verteilte sich der Kampf, die Stadt wurde ein vollkommenes Schlachtfeld.[107] Der Rückzug der Franzosen soll schrecklich gewesen seyn, der schmale Ranstädter Steinweg war viel zu beschränkt für die fliehende Menge, man erbrach die nahen Gärten und suchte sich durch diese zu retten, doch die dahinter fließende Elster war so sehr angeschwollen, daß die Bagage zurück bleiben mußte und viele ihr Grab im Wasser fanden, die den auf dem Fuße folgenden Preußen ihren Kugeln entgangen waren. Haufen von Leichen, todten Pferden, und noch lebende Menschen haben durcheinander gelegen. Der Rückzug aus Leipzig war die Beresina im kleinen.[108] Die Vorstädte haben sehr gelitten, mit unter haben auch die Russen geplündert, doch die Mehrzahl that es nicht, einzelne solche sind bey jeder Armee, exemplarisch ist das Betragen der Preußen und Schweden. Die schönen Promenaden um die Stadt haben sehr gelitten, doch der nächste Sommer und Ruhe können diesen Schaden wieder gut machen, aber außerhalb der Stadt ist der Schaden nicht zu ersetzen, denn das ewige biwuakieren hat alles was Holtz heißt, zerstört, dazu kömt nun noch die entsetzliche Grausamkeit der Franzosen, alles was sie nicht brauchen können, zu vernichten. Wir haben hier große Brodnoht gehabt, wie konnte es anders seyn bei der Nähe solcher Armeen, doch fängt es jetzt wieder an häufiger zu werden. Gleich nach der Einnahme der Stadt hielten der

Kaiser Alexander, Kaiser Frantz, der König von Preußen nebst allen Prinzen, und die Seele von allen, der Kronprinz von Schweden,[109] ihren Einzug; an einem Tag waren alle großen Fürsten Europas hier versammelt, denn früh befand sich noch Napoleon und der König von Neapel hier.[110] Unser König, der sich den Alliirten verdächtig gemacht hat, ist Kriegsgefangen nach einer Festung abgeführt,[111] die Liebe seiner Unterthanen ist durch sein Benehmen in dieser Zeit sehr erkaltet. Es ist nicht möglich, das Gefühl mit Worten auszudrücken, als es hieß, die Stadt ist über, die Preußen sind herein, wir sind nun frei, nur Thränen konnten der freudigen Beklemmung Luft machen, doch wurde die allgemeine Freude durch den Anblick der Zerstörung um uns herum, sehr gemindert, denn viele, sehr viele Menschen haben auch ihr gantzes irdisches Glück mit begraben, mehrere Einwohner sind durch Kugeln verunglückt, viele vor Schreck gestorben. Was wird es noch werden, denn die vielen Spitäler, die Menge Gefangener, die für Hunger sterben müssen, und die unendlich vielen Cadaver verpesten die Luft im höchsten Grad, dazu kommt unsre ungesunde Lage ohnedies, ich fürchte das schrecklichste für diesen Winter. Unser Haus und Garten ist trotz allen unsern Opfern, die wir brachten, sehr ruiniert, mehrere Kugeln sind in das Haus gefallen, aus dem auch alles was Holtz heißt, verbrant ist, es thut uns weh, denn auch wir haben unser einziges Vergnügen opfern müssen, doch kömmt dies nicht in Betracht, da es nur nebensache bey uns ist. Meine größte Sorge ist um Sie, liebe Mutter, und überhaupt um mein liebes Vaterland, das Gott es gnädig für die Armee dieses Wühterichs beschützen möge, mein Wunsch ist auch zum Theil erfüllt, denn ich höre, er nimmt seinen Weg seitwärts nach dem Hartz. Geben Sie mir ja gleich nach Empfang dieses Briefes Nachricht von sich und allen ihren Verwandten. Von August[112] wissen wir schon seit langer Zeit nichts, es geht nirgends eine Post.

Wenn der Weg nun wieder sicher ist, so bitte ich Sie, mir hundert zwanzig Pfund Mus zu schicken, ich kann nun bey diesen Umständen meine Bekannten nicht im Stiche lassen, die Butter ist so theuer gewesen, daß man das halbe

Pfund mit 12 pf. und darüber bezahlt hat, doch kostet es jetzt nur noch 6 pf.

Fritze trägt mir auf, Sie zu fragen, ob Sie den Brief erhalten haben, in dem noch einer von Emilien eingeschloßen war, sie glaubt, er sey verlohren.[113]

Asverusens ehemaliger Garten hat auch sehr gelitten, nebst der gantz neuen Blanke,[114] darum sind auch alle Lusthäuser und Altane verbrand und ruiniert. Der Glaube an Gott und an die göttliche Vorsehung sind uns genug bekräftigt worden, wir wollen auch ferner fest auf ihn bauen, so wird das schlimmste an uns vorübergehn, und unsre Kinder werden bessere und glücklichere Tage erleben. Ist es doch schon Glück genug, zu wissen, daß man die Kinder als freie Menschen erzieht, die nicht einst für fremde Zwecke elend sterben müssen, gleich denen, die wir elend vor unsern Augen vergehn sahn!

Ihre Caroline Oldenbourg.

(Leipziger Kalender 1913)

AUS EINER DANKPREDIGT

Wie bereits im Vorwort erwähnt, war die Kirche Preußens, das die Hauptlast bei der deutschen Erhebung trug, gezielt in den nationalen Befreiungskampf eingespannt. Interessante Einzelheiten dazu, auch was die persönliche Rolle des Pfarrers betraf, können hier nicht mitgeteilt werden. Im ganzen hatte die Geistlichkeit, so sollten wir vielleicht rückblickend sagen, die notwendige ideologische Überzeugungsarbeit zu leisten, wie sie während des Nationalkrieges anfiel, das heißt, es war anspornend oder dämpfend einzugreifen. Das drückt sich auch in unserer unten auszugsweise wiedergegebenen Predigt aus. Ein Stück ersetzte sie die Zeitung, und zugleich belehrte sie, in welcher Weise die gegenwärtigen Ereignisse zu verstehen seien. Uns mag an diesen Ausführungen manches befremden; auch die damalige »Kanzelberedsamkeit« ist zunächst störend. Was diese Predigt seinerzeit unter anderen Beispielen heraushob, war das – weithin gelungene – Bemühen um Spannung und Anschaulichkeit. Die versammelte Gemeinde erlebte durch diesen Predigtstil die verschiedenen Phasen der Völkerschlacht im nachhinein nochmals mit. Den Ablauf dieser Dankgottesdienste haben wir uns im übrigen ausgesprochen festlich vorzustellen: Die Kirche war bei solchen Anlässen überfüllt, die Ortsobrigkeit vollzählig anwesend, es gab eine zusätzliche Kirchenmusik, möglichst mit Instrumentalbegleitung. Zumeist wohl mit dem Chor im Wechsel, sang man das »Te deum laudamus« (»Großer Gott, wir loben dich«), und es wurde gesondert für die Verwundeten gesammelt. Genauere Kenntnis vom Schicksal der Angehörigen, die den Sieg miterkämpft hatten, besaß man zu dieser Stunde meistens noch nicht. Im vorliegenden Fall nehmen wir teil an dem Siegesdank in Zossen, südlich Berlin, am 31. Oktober. Gehalten wurde die Predigt von Philipp Wilhelm Wolf (1766–1822), der von 1810 bis 1820 dort als Superintendent amtierte.

[Predigt am Dankfeste wegen der Siege bei Leipzig. (Auszug)]

Herr unser Gott! Kein blinder Zufall herrscht auf Erden; Du bist es, der die Welt regiert. Laß uns voll Demuth inne werden, wie deiner Allmacht Ruhm gebührt, damit voll Dank und voll Vertraun wir, Herr, auf deine Führung schaun!

Zu einer erhebenden festlichen Andachtsübung sind wir versammelt. Lobgesänge und Dankgebete sollen hier heute von den Frommen ertönen. Es soll vom Siege gepredigt werden im Heiligthume des Herrn. Die hohe Freude, die seit zehn Tagen unser aller Herzen bewegt, soll gegen den ewigen Urquell alles Lebens und alles Heils sich öffentlich ergießen und dadurch, daß sie eine fromme und christliche Freude wird, erst recht vollendet, geläutert, geheiliget werden. Ihr wisset Alle bereits, was in den vergangenen Tagen geschehen ist. Ihr wisset, daß durch den Arm des Herrn und durch den nicht genug zu preisenden Muth, mit welchem Er unsere, die russischen, österreichischen, und schwedischen Heerschaaren beseelte, so wie durch den Rath der Weisheit, mit dem Er die Führer derselben unterstützte, in den Tagen vom vierzehnten bis neunzehnten dieses Monats bei Leipzig eine Reihe von Siegen und ganz besonders am vorigen Montage vor acht Tagen daselbst ein völlig entscheidender Sieg erfochten, und dadurch die Macht des Feindes aufs Haupt geschlagen und eine ausgezeichnete Menge von Gefangenen, von großem Geschütze und kleinen Waffen den Siegern in die Hände gefallen ist.

Es ist Gott lob! nicht unsere Schuld, daß wir dahin gebracht sind, frohlocken, und unsre Knie dankvoll vor Gott beugen zu müssen, weil ein gefürchteter Mann gedemüthigt, und das Schlachtfeld bei Leipzig mit so viel tausend Männern eines fremden Landes bedeckt ist, von denen gewiß Viele eines bessern Schicksals werth gewesen wären. Nicht bloß weil diese Siege uns angehen, uns, die wir, wenn jene Schlachten verloren wären, wahrscheinlich jetzt schon von feindlichen Horden überschwemmt seyn würden, – sondern weil es die Sache des Vaterlandes, die Sache des

Rechtes, des heiligen, so frech untertretenen Rechtes ist; darum erhebt unsere Seele den Herrn und unser Geist freuet sich Gottes unsers Erretters!

Ertöne, frommer Lobgesang, noch einmal! Und wenn du verstummest, dann stärke sich betend das Herz zur Betrachtung der Wege und Wunder des Herrn!

Vorgeschriebener Text. Ps. 34.4,5.[115]

»Preiset mit mir den Herrn und lasset uns mit einander seinen Namen erhöhen. Da ich den Herrn suchte, antwortete er mir, und errettete mich aus aller meiner Furcht.«

Ist es nicht auf das sichtbarste die Empfindung eines Geretteten, die in diesen Worten sich ausdrückt? Auch wir sind Gerettete; auch uns hat der Herr mit Huld geantwortet, da wir ihn suchten; Auch wir haben Ursach mit einander seinen Namen zu erhöhen.

Gott sei Dank, der uns den Sieg gegeben hat!

Diese allgemeine Empfindung unsrer Herzen werde durch unsre Rede verdeutlicht. Zu dem Ende haben wir zu erwägen:

I. Den Sieg; II. den Dank.

I.

Drei große Heere waren es, in welche die Macht, die sich zu Deutschlands Rettung aufgeworfen hatte, getheilt war. Durch welchen weiten Raum waren noch vor zwei Monaten diese Heere getrennt! Sie standen in Böhmen, in Schlesien, in unsrer Gegend. Durch mehrere kleinere jedoch einflußreiche Siege war es diesen Heeren nunmehro gelungen, sich zu vereinigen und den Feind zu umgeben. Dieser hatte die Stadt Leipzig zum Mittelpunkte seiner Gegenwehr gewählt.

Leipzig ist eine uralte berühmte Stadt; berühmt bis an die Grenzen Europas als ein lebenvoller Handelsplatz durch ihre jährlichen Messen; berühmt als ein alter Sitz der ernsten Wissenschaften, und als Vermittlerin des gelehrten Verkehrs in Deutschland. Die Gegend um diese Stadt, genau dieselbe, auf welcher jetzo gestritten ward, ist schon einmal auf ähnliche Art in einem großen Kampfe für Recht und Freiheit berühmt geworden. Im dreißigjährigen Kriege, am siebenten September Eintausendsechshundertunddreißig ward hier eine Schlacht geliefert,[116] die unvergeßlich ist in der Geschichte der Völker. Der schwedische Held Gustav Adolph[117] stand da, mit den Deutschen und Schweden, die sich für die Sache des Rechts aufgemacht hatten, dem schauervollen Tilly,[118] ein noch nie überwundener Held dem andern auch bisher unüberwundenen entgegen. Und der Herr schaute gnädig herab. Und die Sache des Rechts siegte. Und Tilly, der Mann des Fluches, büßte sein Heer und seine Ehre, und seinen Wahn und den Wahn der Völker, daß er unüberwindlich sei, ohne Rettung ein. Siebenzigtausend Männer standen damals gegeneinander. Jetzt focht daselbst eine halbe Million Streiter! Eine halbe Million! Ihr Ufer der Pleiße, der Elster, der übrigen Flüße und Bäche um Leipzig, rinnt in euch Wasser genug, diese Männer und Rosse zu tränken? Eine halbe Million Streiter! In der furchtbaren Nacht vor dem entscheidendsten Kampfe, da lodern ihre Wachtfeuer rings umher, ein weites Flammenmeer auf und röthen den nächtlichen Himmel mit Gluth. Bewohner von Leipzig, ihr blikket hinaus, schmachtend vor Warten der Dinge, die kommen sollen. Bete zu Gott, wem ein frommes, ein deutsches Herz in der Brust schlägt, daß er Segen und Sieg gebe seinem Volke. Suchet den Herrn, daß er euch antworten möge am morgenden Tage!

Der folgende Morgen erscheint. Zweitausend Donnerschlünde, mit Verderben geschwängert, brüllen gegeneinander und wollen gegen sich über alles blühende Leben vertilgen. Brüder, die ihr fechtet für die Rettung Deutschlands, wir breiten unsre Arme nach euch aus. Sehet im Geist, zu euch flehen unsre Kinder und unsre noch ungebornen Enkel. Brüder, Helden, verlasset euch, verlasset uns, verlasset Deutschlands große Sache nicht! Gebe doch Gott allen Fürsten und Feldherren, die diese Helden zum Kampfe führen, Rath und Weisheit und ruhige Besonnenheit. Herr unsers Lebens, der du an diesem großen Tage die Schicksale der Völker wägst, Gott, groß von Rath und stark von Kraft, wir suchen dich, antworte uns freundlich. Segne, o Gott der Gnade, die gerechten Waffen!

Und siehe Gottes Walten und Wirken ist mit diesen Waffen, und seine Kraft mit den edlen Streitern! Werden an irgend einer Stelle unsre Schaaren gedrängt, so eilen auch schon Männer und Geschütze, sie zu unterstützen, heran.

Aber was ereignet sich dort in der Schlachtordnung der Feinde? Zahlreiche Männer zu Fuß und zu Rosse, große Züge des schweren Geschützes reissen sich los und kommen auf die Unsrigen zu. Sie kommen nicht als Feinde; sie kommen als Freunde. Sie verlassen die Fahnen der Schmach und wollen Deutschland nicht unterdrücken, sondern retten helfen. Sie kehren sich sogleich gegen den gemeinschaftlichen Feind. »Recht muß doch Recht bleiben, und dem werden alle fromme Herzen zufallen«, so riefen wir uns am letzten Siegesfeste aus dem göttlichen Worte zu.[119] Hier gieng diese Weissagung in eine merkliche Erfüllung. O, das ist dein Werk, Anbetungswürdiger, der du von deinem festen Thron alle siehest, die auf Erden wohnen und ihnen allen die Herzen lenkest. »Preiset mit mir den Herrn, und lasset uns miteinander seinen Namen erhöhen.« Der Feind ward verjagt, und immer weiter verfolgt. Im Sturm ward Leipzig genommen. Der trotzige Länderverwüster suchte sein Heil in der Flucht. Das Morgenroth der Befreiung Deutschlands ging über diesen grauenvollen Schlachtfeldern auf. Gott sei Dank, der uns den Sieg gegeben hat! Doch wie sollen wir ihm danken?

II.

... Aber der Dank, der Gott gefallen und das Vertrauen, das von ihm genehmigt werden soll, muß aus einem reinen Herzen kommen, und es müssen unbefleckte Hände seyn, die sich betend zu ihm erheben, oder auf seinen Altar Dankopfer niederlegen wollen. Darum werde ich nicht müde, in dieser großen Zeit göttlicher Entscheidungen euch zuzurufen: Thut von euch mit heiligem Ernst alles böse, Gott mißfällige Wesen, das, ach! noch von zu vielen Seiten her, sich unter uns wahrnehmen läßt; lasset uns verleugnen das ungöttliche Wesen und die niedrigen Lüste, und züchtig, gerecht und gottselig leben in dieser Welt, und warten auf die selige Hoffnung und Erscheinung des großen Gottes!

Und endlich, je aufrichtiger unser Dank gegen Gott ist, desto herzlicher wird auch unsre dankbare Erkenntlichkeit gegen diejenigen Menschen seyn müssen, welche er zu Mittelspersonen und Werkzeugen seiner Gnade geweihet hat – also unsere Dankbarkeit gegen unsere tapfern vaterländischen Vertheidiger, besonders die, welche, mit edlen Wunden bedeckt, aus den Feldern des Kampfes in die Anstalten der Rettung und Pflege getragen worden sind. Jeder billige Mensch wird es erkennen, wieviel von so Vielen unter uns an befohlnen und freiwilligen Gaben bereits geleistet worden ist. Und doch wage ich es getrost, eure freiwillige thätige Dankbarkeit gegen diese theuren Söhne des Vaterlands heute wieder in Anspruch zu nehmen. Sehet, meine Brüder, wenn euch ein Zufall vielleicht in jenen Tagen der Entscheidung auf die Schlachtfelder um Leipzig geführt hätte, und ihr hättet da die Leichen der Theuren gesehen, welche für uns sich so willig, zum Theil in der schönsten Blüte der Jahre und mit den fröhlichsten Aussichten auf ein glückliches Leben, hingegeben haben in den Tod, und es wäre dort möglich gewesen, irgend Einen dieser Theuren, einen Sohn einer Mutter, die sich ohne ihn nur in Gram und Kummer verzehren wird, einen Vater hoffnungsvoller Kinder, die nun so früh verwaiset seyn sollten, zu retten und ihn in das Leben zurückzubringen, – was würdet ihr nicht dazu gethan, euren süßesten Freuden entzogen, euren dringendsten Bedürfnissen abgebrochen haben! Aber ihr könnet von diesen keinen mehr retten. Sie schlafen den eisernen Schlaf. Ihre Seelen sind in Gottes Hand und keine Qual rühret sie an. Aber Tausende von Jünglingen und Männern liegen in zahlreichen Krankenhäusern mit ihren brennenden Wunden. Noch ist Rettung bei ihnen möglich durch milde, sorgsame Pflege. Und diese Pflege wird desto vollkommener ausfallen, und desto erquicklicher, je mehr dankbare Vaterlandsfreunde aus der Nähe und aus der Ferne sich beeifern, die hohen Behörden des Landes mit Beiträgen zu diesem heiligen Zwecke zu unterstützen.[120] So geht denn, während der letzte festliche

Lobgesang emportönt, um den Altar dessen, der da gesagt hat: was ihr gethan habt den Geringsten unter meinen Brüdern, das habt ihr mit gethan,[121] und weihet diesem Zwecke so viel als Jedem sein dankbares Herz sagen wird. Auch kleine Gaben Vieler tragen zu dem großen Endzwecke bei. Gott wolle der Belohner der Gebenden, der Erquicker der Verwundeten und Sterbenden, der Tröster derer, die siegend gestorben sind, – er wolle auch fernerhin der Beförderer unsrer Siege und der gnädige Vermittler eines ehrenvollen und dauerhaft beglückenden Friedens für uns seyn!...

(R. Dapp, Magazin für Prediger, Bd. 7)

DIE KATASTROPHE NACH DER SCHLACHT

Schon vor dem Beginn der Völkerschlacht hatte sich Leipzig, das 1813 etwa 33 000 Einwohner besaß, um die Betreuung von wenigstens 15 000 kranken und verwundeten Soldaten zu kümmern. Als dann seit dem Reitergefecht bei Liebertwolkwitz am 14. Oktober der Zustrom frisch Verwundeter Tag für Tag immer mehr anschwoll, versank die Stadt in einer Katastrophe. Zwar wandelte man jetzt noch weitere Örtlichkeiten, unter anderem Speicher, Gasthöfe, Schulen, öffentliche Gebäude und nun auch alle Kirchen bis auf St. Nikolai in Notlazarette um, aber der Versorgung von ungefähr 38 000 Verwundeten – soviel dürften es zeitweise in der ersten Woche nach der Schlacht gewesen sein – wurde man trotz aller Anstrengungen einfach nicht mehr Herr. Es fehlte an ausreichender medizinischer, geschweige denn sachkundiger ärztlicher Hilfe, und man sah sich außerstande, die nötigsten Grundnahrungsmittel bereitzustellen. Hinzu kam die Unzulänglichkeit sanitärer und hygienischer Vorkehrungen. Das alles bewirkte, daß nunmehr der in den Spitälern schon lange schwelende Typhus (das »Nervenfieber«) mit voller Wucht ausbrach und bald in der ganzen Stadt grassierte. Wie hoch die Sterbeziffer der kranken und verwundeten Soldaten damals war, beziehungsweise wie viele das Lazarett überhaupt lebend, und dann meist invalid, verließen (das letzte wurde Anfang 1816 aufgelöst), ist nicht mehr zu ermitteln. Hingegen errechnet worden sind aufgrund von Statistiken die Opfer unter der Zivilbevölkerung: Danach erlagen von Januar 1813 bis Juni 1814 dem Typhus 3721 Menschen, das heißt ein Zehntel der Einwohnerschaft. – Unser Textauszug geht zurück auf den Bericht von Christoph Heinrich Ludwig Hußell (1772–1845). Er ist auf dem Höhepunkt der Epidemie, im November, geschrieben, und als Hußell an seinem Büchlein saß, wußte er nicht, ob er zu den Überlebenden gehören würde.

Man konnte die französischen Spitäler, die wir seit dem Anfange des Jahres beständig hier gehabt hatten, und die sich seit der Schlacht von Lützen,[122] und nach der Aufkündigung des Waffenstillstandes, da man in Dresden die Kranken nicht mehr unterbringen konnte, und nun alles ohne Umstände nach dem gesegneten Leipzig schickte, bis über 20 000 Preßhafte[123] vermehrt hatten, als einen bösartigen Krebs ansehen, der immer weiter um sich frißt und alle gesunde Säfte verzehrt. Durch sie war das fürchterliche und zerstörende Nervenfieber zu uns gekommen, das eine Sterblichkeit unter den Einwohnern herbeyführte, welche die gewöhnliche fast doppelt überstieg. Sie waren und sind noch schon in dieser Hinsicht eines der schrecklichsten Uebel für die Stadt. Sie wurden es aber noch mehr, da ihre Verpflegung, ohne daß man französischer Seits auch nur fragte, wo der ungeheure Fond herkommen sollte, völlig dem Kreise zur Last fiel, ohne daß man an die geringste Entschädigung dachte. Rechnet man im Durchschnitt für sechs Monate 10 000 Kranke, und auf jeden derselben 12 Groschen täglich – schwerlich konnte man ihn, alles mit eingerechnet, dafür erhalten, – so gibt dieses für jeden Tag 5000, und in sechs Monaten die enorme Summe von 900 000 Thaler, welche die erschöpften Kassen baar hergeben mußten …

Schon vor der Schlacht bey Leipzig sahe es in diesen Gifthöhlen, in diesen Wohnungen des Jammers traurig genug aus, da sie immer mehr angefüllt und erweitert wurden. Mancher der dort Angestellten, und besonders mancher brave und geschickte Arzt, trug aus ihnen den Keim des Todes in seine Familie. Reinlichkeit war in ihnen durchaus bey allen Anstalten nicht zu erhalten, und man konnte ohne Ekel, und ohne die Nase zuzuhalten, bey keinem vorübergehen. Da Leipzig durch den großen Armeekreis von der ganzen übrigen Welt, wie der verschlagene Schiffer auf einer wüsten Insel, eine geraume Zeit völlig abgeschnitten war, so wuchs die Noth in diesen Krankenhäusern täglich. Jetzt fingen auch die Nahrungsmittel an zu mangeln. Das Elend erreichte den höchsten Gipfel, als die Tausende vom Schlachtfelde nun auch dort Hülfe suchten.

Selbst Brot konnte den Unglücklichen nicht mehr zur Genüge gereicht werden. Viele irrten völlig ohne Obdach umher. Jetzt sahe man Scheußlichkeiten, die selbst den gefühllosesten Kannibalen einen eiskalten Schauder durch alle Glieder gejagt, und die Haare empor gesträubt haben würden! Nimmermehr kann ein Auge bey Smolensk, an der Berezina und auf der Straße nach Wilna etwas Entsetzlicheres gesehen haben:[124] dort raffte der Tod seine Beute wenigstens rascher weg. Tausend Jammergestalten wankten in allen Straßen und bettelten an jedem Fenster, an jeder Thür. Selten war das Mitleid im Stande, etwas zu geben. – Das waren indessen gewöhnliche und alltägliche Dinge. Daß ein solches Gerippe oft den schmutzigsten Knochen aufhob, und begierig daran nagte; die geringste Brodkrume, die sich irgend auf einen Kehrichthaufen verirrt hatte, so wie Aepfelschalen, Kohlstrünke und Obstkerne mit Heißhunger verzehrte, – gehörte bey weitem nicht mehr unter die Seltenheiten. Aber der Hunger blieb an diesen ekelhaften Gränzen noch nicht stehen. Mehr als zwanzig Augenzeugen können es bekräftigen, daß französische Soldaten an gefallene Pferde, die bereits in Fäulniß übergegangen waren, herankrochen, mit kraftlosen Händen durch irgend ein stumpfes Messer in die Hinterkeulen bohrten, das Fleisch herauszogen und Aas verzehrten! Was Rabe und Geyer nur im Nothfall als Nahrung suchen, mußte ihnen zur Sättigung dienen! Selbst von abgelösten menschlichen Gliedern schnitt man Fleisch herunter und bratete es zur Stillung des wüthenden Hungers![125] Ja, es ist unglaublich – selbst Excremente wurden durchwühlt, um unverdaute Reste zu verschlucken! Sie kennen mich,[126] und trauen mir gewiß nicht zu, daß ich Ihnen Dinge als wahr erzähle, bey denen ich in Gefahr wäre, von einer ganzen großen Stadt Lügen gestraft zu werden. – So waren die Spitäler ein verpesteter Vielfraß für die Stadt, von dem sich Geruch, Gehör und Gesicht mit Abscheu wegwenden mußten, und einer von den schrecklichsten Vampiren, die in so großer Menge unser Mark und Blut weggesaugt hatten, und jetzt der Stadt und den Kranken selbst verderblich wurden. Auch hier fand man Beyspiele von jener Resignation und Selbstverläugnung, die keine Nation wie der französischen in dem Grade eigen ist. Ich sahe mehrmals junge Soldaten mit abgerissenen Schenkeln, oder Armen, auf bloßer Erde oder Steinen drey Tage lang liegen, wo ihnen durchaus keine Hülfe, kein Bissen Brod, keinen Tropfen Wasser zu Theil ward, ohne daß sie einen Schmerzenslaut von sich gaben, oder die ruhige und gefaßte Miene, womit sie Vorübergehenden betrachteten, veränderten. Diese baten durchaus um nichts, sie klagten nie, sondern schienen nur mit dem einzigen Wunsche beschäftigt, daß die karge Lebensflamme nur so bald als möglich verlöschen möchte. Von diesen ist schwerlich einer gerettet worden. Es wäre ungerecht, den Grund einer so heldenmüthigen Fassung und Ergebung in einem gewissen Stolze, oder in roher Gefühllosigkeit zu suchen. Gerade diese Unglücklichen waren sicher die Bessern und Edlern, und unstreitig Leute von guter Familie und Erziehung, die zu bitten und zu wehklagen nie gelernt hatten. ... Die sogenannte Gottesacker- oder Johanniskirche, welche sich auf demselben befindet,[127] war schon seit dem Monat May zu einem Spital eingerichtet worden, das schon seit dem Anfange des Oktobers von Kranken wimmelte. Jetzt konnte diese die Menge nicht mehr fassen; Kranke und Gefangene irrten und lagen daher überall bunt durch einander zwischen den Gräbern umher. Was noch verschont geblieben war, wurde nun größtentheils völlig verwüstet. Hier fanden triftige Entschuldigungen Statt, die in der entsetzlichen Noth einen vollwichtigen Grund hatten. Wer konnte es dem Jammer und der Verzweiflung verargen, wenn sie die äußersten Mittel ergriffen, welche die schwächste Linderung verschaffen konnten? Man suchte für die kalte Herbstnacht wenigstens ein Obdach, sollte es selbst in der schaurigen Wohnung verwester Leichname seyn. Jeder Schwibbogen, wenn es nur immer möglich war, ihn zu öffnen, wurde zu einer Schlaf- und Wohnstelle gemacht, die wenigstens dem Aufenthalte zwischen nassen und bereiften Gräbern vorzuziehen war. Man stieg in die tieffsten Grüfte, um Särge zu erbrechen, die Gebeine herauszuwerfen und Brennholz zu haben, die erstarrten Glieder zu erwärmen. Ich selbst sahe einen französischen Soldaten, der auf einer Menge aufgeschichteter Särge mehr als 12 Fuß tief hinabgestürzt, mehrere Tage vielleicht, ohne wieder empor kommen zu können, dort gelegen, und mitten unter Abgeschiedenen seinen Tod gefunden hatte. – Scheußlich grinzten die Todtenschädel, deren Anblick man den Lebenden so sorgfältig verborgen hatte, aus den zerschlagenen Särgen in den Grüften!

So eifrig und viel die neu angeordneten kombinirten Behörden bemüht waren, sogleich zweckmäßig Anstalten zu treffen,[128] dem Elende auf allen Seiten abzuhelfen, so war es doch durchaus menschlichen Kräften nicht möglich, sich durch das entsetzliche Chaos, das sie fanden, durchzuarbeiten. Die Franzosen hatten alles in zu großer Verwirrung hinterlassen. In der Stadt herrschte an allen Dingen Mangel, die Dörfer waren weit und breit verwüstet und rein ausgeplündert, es fehlte also an allem. Mehr als dreißig Spitäler[129] waren nicht im Stande, die Kranken, welche überall herum krochen und wankten, aufzunehmen. Wo sollte man alle die geräumigen Häuser, wo in demselben Strohsäcke, Decken, Geschirre, wo Nahrungsmittel und die ungeheure Menge von Aerzten hernehmen, die hinreichend gewesen wären, alle die Unglücklichen zu versorgen, die ihrer bedurften?[130] Alle nur einigermaßen passenden Lokals waren schon längst in Beschlag genommen, und alles so ausrequirirt, daß das hiesige Lazareth-Kommitee schon lange vorher nicht einmal mehr im Stande war, die so nöthige Charpie aufzutreiben. Fast jeder Barbierlehrling mußte schon gezwungen werden, seine ungeübten Hände zum Verbinden in die Spitäler herzugeben. Mit Geld konnte man nichts mehr zwingen, wenn man dessen noch so viel gehabt hätte, und diese Quelle war noch überdies völlig vertrocknet. Der geübteste Verstand mußte schwindeln und die unerschütterlichste Gegenwart des Geistes bankerott werden, wenn sie den Knäuel erblickten, der hier aufzuwinden war. Man sahe nirgends einen Anfang oder ein Ende. Die Stadt war mit Aesern[131] bedeckt, die Flüsse von Leichen gedämmt. Tausend Hände waren nöthig, diese Pestmaterialien wegzuschaffen und zu verscharren, ohne daß man daran denken durfte, das Schlachtfeld um Leipzig selbst aufzuräumen. Da alles Hülfe suchte, so blieb natürlich keiner übrig, der sie geben konnte. Ob man zuerst bauen, schlachten, backen, brauen, begraben, verbinden, schleppen oder tragen sollte, war schwer zu bestimmen, da alles gleich nöthig war.

(L. Hußell, Leipzig während der Schreckenstage)

BESCHEIDENER NEUANFANG

Die Schlacht war geschlagen, die Truppen abmarschiert. Wie es danach in Leipzig selbst aussah, haben wir mehrfach gelesen. Nicht vergessen werden sollte darüber aber das Schicksal der Dörfer im weiten Rund des Schlachtfeldes. Dort waren wenigstens 60 Ortschaften unmittelbar von den Auswirkungen des mehrtägigen Kampfes in Mitleidenschaft gezogen worden. Zu beklagen hatte man nicht nur den Verlust eines Großteils der Ernte und des Viehs (wovon schon im Text »Einquartierung und Heereslieferungen« die Rede war), sondern ebenso auch die teilweise oder völlig zerstörten Anwesen und die oft bis zur Unkenntlichkeit verwüsteten Felder. Und beklemmend für die Einwohner war inzwischen auch, daß hier nun ebenfalls mit Macht der Typhus ausbrach, der prozentual wohl nicht weniger Opfer als in der Stadt forderte und zudem im Frühjahr, verursacht durch die Ausbringung des Düngers (Reaktivierung des Bazillus!), dann verschiedentlich noch ein zweites Mal epidemisch auftrat. An Hilfeleistung hat es seinerzeit nicht gefehlt. Aber zum guten Teil gebunden an Naturprodukte und Baumaterialien, waren die Maßnahmen zunächst doch kaum mehr als ein Tropfen auf den heißen Stein. Man muß sich dazu vergegenwärtigen, daß damals, bedingt durch die beiden Feldzüge, weithin in ganz Sachsen ähnliche Zustände herrschten. Die für das gesamte Land ermittelte Schadenssumme soll sich auf mindestens 100 Millionen Taler belaufen haben.

Unser Bericht steht stellvertretend für viele andere Beispiele eines tapferen Neuanfangs. Er bezieht sich auf das Dorf Seifertshain, das an der »Südostfront« der Kampfhandlungen lag. Verfaßt wurde er von Auguste Vater (1797 bis 1876). Sie schrieb reichlich 30 Jahre später für geschichtlich interessierte Leipziger nieder, was sie einst als junges Mädchen in den Tagen der Völkerschlacht erlebt hatte.

Dienstag früh, den neunzehnten Oktober, da die nächtliche Einquartierung der beiden Stuben wieder fortging, die plündernden Scharen der Nachzügler aber fortwährend nach und nach einzogen, war es des Vaters[132] erstes Geschäft, im Dorfe nachzusuchen, ob er irgend ein paar verwundete Offiziere finden könnte, die, seinem Hause zum Schutze, ihr Quartier darin aufschlagen möchten. Dies gelang sehr bald. In einem ziemlich verwüsteten Bauerngut lag ein österreichischer Hauptmann und ein Oberleutnant, von denen der letztere eine Blessur hatte, die ihn nicht am Gehen hinderte. Beide waren bereit, ihr schlechtes Logis mit einem besseren zu vertauschen und den erbetenen Schutz zu gewähren. Als aber der Vater sein Unvermögen erklärte, sie zu beköstigen, weil er selbst nichts habe, meinte der Hauptmann: »Vor der Hand können Sie darüber ruhig sein, Herr Pastor, denn noch zwei Tage wenigstens haben wir Lebensmittel, und so lange sind Sie unser Gast. Dann aber freilich müssen Sie sorgen, daß wir nicht Hunger leiden dürfen, wenn wir bei Ihnen bleiben sollen.« Der Vater versprach's. Die Offiziere zogen ein, und der Leutnant säuberte binnen wenig Minuten das ganze Haus von dem plündernden Troß. Das Mädchen suchte, soviel als es sich tun ließ, den neuen Gästen eine wohnliche Stube einzurichten.

Die zweite Sorge des Vaters an diesem Tage ging alsdann dahin, die in den Gehöften zerstreut umherliegenden Verwundeten aufzusuchen und ihnen soviel Hilfe als möglich war, zu verschaffen, vor dem Verhungern sie wenigstens zu schützen. Im Hause selbst hatte er deren schon mehrere, die täglich nach einem ordentlichen Verbande ihrer Wunden jammerten. Es fanden sich im Dorfe eine große Anzahl, besonders im Gasthofe und Gemeindehause, wo ein schreckenvolles Lazarett sich angehäuft hatte. Fast alle waren noch unverbunden. In einem abgelegenen Stalle des Gasthofes fand der Vater einen Kroaten, dem beide Augen ausgeschossen waren. Der Unglückliche lebte noch, bekam noch einigemal etwas zu essen, starb aber dann glücklicherweise.

Der Vater ließ täglich ein paar Scheffel Kartoffeln kochen, das einzige Nahrungsmittel, das er hatte, und sie nebst Wasser unter die armen Verschmachteten austeilen. Weiterhin mußten sich auch die anderen zurückgekehrten Bewohner[133] dieser Sorge unterziehen, und nach acht Tagen gelang es endlich seinen Bemühungen, einen großen Teil davon mit zurückkommenden Fouragewagen in benachbarte Stadtlazarette zubringen. Doch fanden wir bei unserer Heimkehr, zwölf Tage nach der Schlacht, noch immer einen Rest dieser Unglücklichen, die unverbunden mit ganz schwarz gewordenen Wunden laut jammernd auf ihrem Stroh lagen, und die warme Suppe, die wir ihnen reichten, mit tränenvollem Dank empfingen. Aber wunderbarerweise lebten sie alle noch, und nur einer starb vor Schwäche, als sie einige Tage später aufgeladen wurden, um ins Lazarett nach Grimma zu kommen. Der Anblick solchen Elends, was man in der damaligen Lage so wenig nur lindern konnte, brachte Eindrücke, die nicht zu beschreiben – nur durch eigene Erfahrungen zu begreifen sind! – Die Notwendigkeit, Lebensmittel herbeizuschaffen, bestimmte den Vater, Mittwoch, den zwanzigsten Oktober, einen Gang nach Leipzig zu unternehmen, als dem einzigen Orte, wo er hoffen konnte, für Geld etwas zu erhalten. Er nahm zwei handfeste Burschen mit sich, ließ sie mit Ladestöcken sich bewaffnen, die in größter Menge umherlagen, und trat den schrecklichen Weg über das Schlachtfeld an. Der Anblick der meist furchtbar verstümmelten Toten, die, in Haufen übereinander liegend, sehr oft den Weg gänzlich hemmten, war ihnen schaudervoll. Aber noch viel herzzerreißender schilderte er den Eindruck, den die Menge der Schwerverwundeten und Sterbenden auf ihn machte, die hilflos und halbverschmachtet umherlagen und mit lautem Wehklagen die Luft erfüllten. Einer derselben, der in einer Bretterhütte zwischen Holzhausen und Stötteritz gelegen, hatte jammervoll nach Wasser gerufen, als er Menschentritte hörte. Der Vater ließ ihm in Ermanglung eines Besseren aus einem Graben in einer alten Kanne welches hintragen, und der Unglückliche goß es, so lehmig es auch war, mit heißer Gier hinunter. Auf dem Rückwege abends im Dunklen war es totenstill in derselben Hütte …

Die Hoffnung, Lebensmittel in Leipzig zu erhalten, erfüllte sich jedoch nur sehr gering; Fleisch und Brot, das notwendigste, war nirgends aufzutreiben, alle Freunde hatten dem Vater selbst zur eigenen Sättigung zwar soviel davon gebracht, als er nur essen wollte, allein niemand konnte etwas mitgeben. Es hatte keine Familie mehr, als sie selbst zur Notdurft brauchte, und der Vater mußte sich mit Reis, Kaffee, Zucker und einigen Flaschen Wein begnügen, die er zu hohen Preisen kaufte. Er langte mit diesen kleinen Schätzen glücklich und ungefährdet zu Hause an. Am nächsten Tage aber, am einundzwanzigsten Oktober, einem Markttage, versuchte er in Begleitung einer Ordonnanz, die ihm der Hauptmann mitgab, sein Heil noch einmal in Leipzig, und er war da so glücklich, ein großes Stück Fleisch zu erhalten. In den folgenden Tagen kamen einige Dorfbewohner wieder zurück, die etwas Mehl mitbrachten. Es wurde gebacken, und der Vater erhielt davon seinen Bedarf an Brot; doch mußten diese Vorräte, sobald sie gebacken waren, in unser Haus geschafft werden, sonst holten sie die umherlagernden Soldaten sogleich heraus. Auch später noch empfingen wir unseren Brotbedarf nur von der Güte der Leute, die noch etwas hatten.

Mit dem Nötigsten versehen, lebte nun der Vater leidlich und friedlich mit seinen beiden Offizieren fort, bis zwei Tage vor unserer Rückkehr, wo sie in ein Offizierhospital nach Altenburg gingen und er sich dafür eine sächsische Kürassierwache zum Schutze zu verschaffen wußte. Er hatte währenddem vielen Flüchtigen Dach und Fach für kurze Zeit gegeben, viele militärische Besuche noch gehabt und endlich die Gastwirts- und Schulmeistersfamilie gänzlich ins Haus genommen, die wir noch fanden, als wir nach langem Sehnen und Harren endlich am vierten November in die geliebte Heimat wieder einziehen durften.[134]

Der Vater empfing uns ganz munter und gesund und mit großer Freude, und das Glück dieses Wiedersehens und Wiederbeisammenseins ließ uns in den ersten Stunden alles Schreckensvolle der Vergangenheit, alles Niederschlagende der Gegenwart vergessen. Wir erhoben uns gemeinschaftlich in dem freudevollen Gedanken, befreit zu sein vom französischen Joche, den großen Kampf glücklich und siegreich beendigt zu sehen, und betrachteten die vielfachen Verluste wertvoller Sachen als ein Opfer fürs große Ganze, das wir in der Tat ohne Murren mit einer so ruhigen Ergebung brachten, wie sie heutigestags zweifelhaft oder allzu bewunderungswürdig erscheint, auf dem damaligen Standpunkt aber das natürliche Produkt einer Stimmung war, die persönliches Wohl, persönliches Interesse ohne Mühe dem Gewinne allgemeiner großer Güter unterordnete.

Das Umschauen im zerstörten, völlig leeren Hause stimmte freilich diese frohen Gefühle allmählich ein wenig herab, da es die Mutter mit mancher schweren Sorge erfüllte, denn es fehlte an allem Notwendigen. Der größte Teil der Betten war ausgeschüttet, die wenigen übrigen aber so voll Schmutz und Blut von dem Gebrauche der Verwundeten, daß man es kaum wagen mochte, sie zu benutzen. Das ganze vorhandene Kochgeschirr bestand aus zwei oder drei alten Töpfen, die eine Frau aus dem Lager hereingeholt und worin wir gemeinschaftlich mit zwei anderen Familien kochten. Mit zwei Paar Messern und drei Blechlöffeln mußten neun Personen sich beim Essen behelfen; ein Tischtuch gab es vorderhand gar nicht. Zwei Handtücher als die einzigen waren unter einem Haufen Unrat wiedergefunden und zum Gebrauche hergestellt worden. Auf ähnliche Weise stand es mit jedem anderen Bedürfnis, mit jedem Hausgerät und nicht minder mit den Lebensmitteln. Es gab nur Kartoffeln; Brot, ein wenig Milch und etwas Fleisch bekamen wir nur durch die Güte der Leute, die noch etwas Mehl und einiges Vieh hatten. Wir Kinder sämtlich fanden von unseren Sachen nicht das mindeste wieder und besaßen mithin an Wäsche und Kleidern nichts mehr als die beiden Anzüge, die auf der Flucht mitgenommen waren. Von Hauswäsche und ihrer eigenen hatte die Mutter wohl noch einen Vorrat, die sie nebst Silberzeug und Betten zu einer befreundeten Familie nach Leipzig geflüchtet, allein diese standen in Kisten, in einer jetzt noch vermauerten Niederlage, die sobald nicht geöffnet werden sollte, daher dem augenblicklichen Mangel damit nicht abgeholfen werden konnte. Trotz dieser traurigen Leere im Hause waren alle Räume auf eine Weise angefüllt, daß wir nur mit Mühe die nötigen Schlafstätten fanden, denn ein Wust von zerstreuten Papieren, Läppchen, Stickmustern, Büchern, Federn, eine Mineraliensammlung, mit verlorenem Pflaumenmus vermischt, und tausend unnütze Kleinigkeiten bedeckten überall den Fußboden hoch, so daß man kaum einen schmalen Fußweg durch die öden Gemächer finden konnte.

Und wie sah es außer dem Hause, im Dorfe und seinen Umgebungen aus! Überall die Spuren der traurigsten Zerstörung. Noch waren nur wenige Bewohner des Dorfes zurückgekehrt; die meisten Häuser und Gehöfte standen völlig verödet, ausgeleert, alle Türen offen, alle Gemächer wüst, ohne einen Ton des Lebens. Mitten darin die beiden schwarzen Brandstätten. Wohin man sah, nur die traurigen Überreste eines verlassenen Schlachtfeldes, alte Montierungsstücke, Tschakos, Trümmer von Gewehren, Pferdegeschirre, große und kleine Kugeln in Menge, nirgends ein lebendes Geschöpf zu sehen und zu hören als der Schwarm der krächzenden Krähen, der, Nahrung suchend, das Totenfeld umflatterte. Selbst die Kirchenuhr ging nicht und keinen Glockenton hörte man, weil die Stränge von den Glocken abgeschnitten waren. Dazu nun noch die gewöhnliche Öde und Traurigkeit eines trüben, kalten Novemberhimmels, der sich über das schaurige Ganze ausbreitete – so wird gewiß jedermann das ergreifende Bild in seiner ganzen grauenvollen Wirklichkeit sich vorstellen können.

Und doch war es bei weitem noch nicht die schrecklichste Darstellung eines verlassenen Schlachtfeldes, die uns gezeigt werden sollte. – Es wurden an dem Tage, da wir zurückkehrten, die letzten Haufen der Toten begraben, die in der Seifertshainer Flur lagen. Der Vater hatte durch Vorstellungen, wie nachteilig für die Gesundheit der Dorfbewohner das Liegenlassen der Toten werden könnte, die Leute bewogen, innerhalb der Dorfgrenzen dies Geschäft selbst zu übernehmen, da es von den requirierten Totengräbern, die von den Behörden angestellt waren, sehr saumselig betrieben wurde; mithin sahen wir in unserem

Bezirke nichts mehr von dergleichen schauderhaften Anblicken und glaubten acht Tage später, daß nach fast drei Wochen, die nun seit der Schlacht verflossen waren, auch weiterhin alles geräumt sein müsse. Der Mangel an so vielen unentbehrlichen Dingen machte es durchaus notwendig, daß wir einmal nach Leipzig kamen. Pferde zum Fahren gab es nicht; sie waren noch alle irgendwo verborgen. Wir mußten uns also ohne alle Wahl zu Fuße auf den Weg machen, das heißt der Vater mit uns beiden Schwestern.

Mit dem ersten Schritte über die Dorfgrenze erblickten wir voll Schrecken die ganze Gräßlichkeit des noch unaufgeräumten Schlachtfeldes, welches wir nun Schritt vor Schritt durchwandern sollten. Pferde und Menschen lagen noch überall in größter Menge herum und hemmten oft geradezu den Weg mit den schaudervollsten Anblicken. Der Kolmberg war wie übersät von toten Pferden und dunkelte grauenhaft herüber. Wir Mädchen waren außer uns und wollten nicht weiter. Doch der Vater trieb uns fort mit der Vorstellung, daß die Not gebiete, sich darüber wegzusetzen. Er habe das Schlachtfeld schon zweimal, da es noch schrecklicher gewesen sei, durchwandern müssen; wir möchten so wenig als möglich hinsehen und mit raschen Schritten vorwärts eilen. Es half nichts, wir mußten fort, empfanden zwar mit wiederholtem Entsetzen das Grauenvolle dieser Umgebungen und einzelner Anblicke der zerstörten Dörfer, die in noch viel traurigerem Zustande waren als Seifertshain, zuletzt aber stumpften sich diese Empfindungen schon so weit ab, daß wir denselben Rückweg abends im Halbdunkel unter zerstreuenden Gesprächen viel ruhiger zurücklegten. – Der Mensch ist durchaus nicht fähig, so heftige Gefühlsbewegungen in gleicher Stärke lange zu erhalten, sie verlieren durch viele Wiederholung sehr bald ihre Spannkraft, wodurch auch die so oft hart beurteilte Gleichgültigkeit des Krieges sehr erklärlich wird.

Einzelne Bilder des mörderischen Kampfes aber, die wir auf diesem Gange erblickten, sind meiner Seele unvergeßlich geblieben. So sah man auf einer Wiese unfern des Fußsteiges nach Zweinaundorf zu, eine ganze Reihe noch völlig montierter französischer Infanterie liegen, die eine einzige Batteriesalve auf einmal niedergeschmettert zu haben schien; denn sie lagen und standen zuletzt fast ganz regelmäßig aneinander gelehnt, als wenn sie schliefen. – Schrecklich waren die von den Totengräbern zusammengeschleppten Haufen der Toten anzusehen und ihre Art, sie schichtenweise in große Gruben zu verscharren. Wer möchte solche und andere schaudervolle Erinnerungen nicht gern verdrängen?

In Leipzig war Elend anderer Art genug zu sehen und zu hören. Die ungeheure Überfüllung aller Lazarette mit ihren Jammerszenen, von denen jedermann voll war, der sich verbreitende Typhus, Mangel an Lebensmitteln, und die halbverhungerten, umherschleichenden Franzosen, die man überall in Kehrichthaufen nach etwas Eßbarem wühlen sah, gaben ein ergreifendes Bild auch von der Nachtseite des glorreichen Kampfes, von dem noch alle Welt mit begeisterter und dankbarer Freude erzählte.

Wir wurden von allen Freunden mit der lebhaftesten Teilnahme aufgenommen, beklagt und beschenkt mit einer Menge nützlicher und notwendiger Sachen, die unserer augenblicklichen Bedürftigkeit sehr zustatten kamen. Außerdem ward noch vieles gekauft, und mit einem starken Manne, ganz befrachtet mit diesen neuerworbenen Schätzen langten wir glücklich wieder zu Hause an. Doch werde ich nie in meinem Leben diesen schrecklichsten aller Wege, den ich je gemacht, vergessen.

Wieviel Zeit und Mühe dazu gehörte, das Haus wieder gründlich zu säubern und in wohnlichen Zustand zu versetzen, ist kaum zu denken. Der Schmutz und Unrat war in manchen Gemächern zu Hügeln angewachsen, und gern gab man sich die Mühe, jedes Häufchen davon genau zu untersuchen, um wertvolle Dinge, die sich bisweilen noch darunter fanden, vom Untergange zu retten. Ein solcher Fund wurde jedesmal mit lauter Freude im ganzen Hause verkündigt und als ein Kleinod betrachtet.

Den Mangel empfand man noch den ganzen Winter hindurch gar bitter; manches schwer zu entbehrende Haus- und Küchengerät war selbst für vieles Geld sobald nicht zu haben, weil der Bedarf zu allgemein und mehrere Artikel ganz ausverkauft waren. Es galt überall, sich kümmerlich zu behelfen, auch mit den Lebensmitteln. Eine Wahl der Speisen konnte nicht stattfinden, man war froh, sich hinlänglich und ohne Sorgen für den folgenden Tag sättigen zu können. Die Eltern ließen sich einen Transport Lebensmittel von einem Freunde aus dem Altenburgischen schikken, da unser abgebrannter Pachter erst nach ein paar Monaten wieder etwas von seinem verpflichteten Quantum liefern konnte. An Butter zum Brote war unter diesen Umständen nicht zu denken, wir aßen es fast den ganzen Winter trocken. Butterbrot, Milch und die Mehlsuppen, die zum allgemeinen Frühstück dienten, gehörten lange Zeit nur zu den Sonntagsdelizen[135] und eine Christstolle, die als Weihnachtsgeschenk uns von fernen Freunden gesandt wurde, verursachte einen Jubel im Hause, der nur durch die damalige Dürftigkeit der täglichen Kost begreiflich wird.

Wir verlebten demnach, wie tausend andere um und neben uns, einen schweren und sorgenvollen Winter, er war hart und ziemlich lang – dennoch hat es nirgends an dem streng Notwendigen gefehlt, und man mußte bewundern, wie trotzdem, daß ein Heer von vielen Hunderttausenden sich in einem kleinen Umkreise acht Tage lang genährt hatte, doch noch so viel übrig blieb, daß keiner der Bewohner hinterher Hunger litt. Das Elend, das während des Winters in manchen Orten, besonders in den halbeingeäscherten Dörfern herrschte, wurde weit mehr durch den Mangel an hinlänglichem Obdach und durch das grassierende Nervenfieber verursacht, als durch Mangel an Lebensmitteln. Es starben in Liebertwolkwitz, Holzhausen und Stötteritz und in vielen anderen Dörfern ganze Familien aus. Seifertshain war vor vielen so glücklich, nur vier Kranke gehabt zu haben, und diese wurden alle wieder hergestellt.

Zu bewundern war es gleichfalls, wie bald sich doch im ganzen bei so großen Verlusten und Opfern die Ortschaften wieder erholten und hoben. Ursprüngliche Wohlhabenheit der Gegend und die Nähe Leipzigs, die es möglich machte, alle wiedergewonnenen Produkte aufs schnellste und vorteilhafteste in Geld umzusetzen, trugen ohne Zweifel viel dazu bei. Übrigens erfreuten sich die Schlachtfeldbewohner auch mancher Unterstützung aus der Ferne – nächst anderen in deutschen Ländern gesammelten kam selbst aus England, durch die Gemahlin des Bischofs Marsch in London, eine geborene Leipzigerin, veranlaßt, eine bedeutende Geldsendung, von der auch Seifertshain einige hundert Taler erhielt.[136] Der Gesamtverlust hier belief sich freilich auf viele Tausende, von denen auf unsere eigenen Verluste mehr als tausend Taler kamen.

Bei allen Schrecken und Drangsalen des merkwürdigen Jahres denken wir aber doch gern daran zurück und möchten es in der langen Reihe unserer Lebenserfahrungen um keinen Preis missen, denn es hatte neben allen diesen Schrecken und Drangsalen auch so viel Erhebendes, geistig Erfrischendes und Poetisches, mit einem Wort: einen geistigen Zauber, wie keine Zeit je, und wer Zeit hat für das Große der inneren Erhebung eines ganzen Volkes, für das Schöne einer allgemeinen geistigen Schwungkraft, die auf die edelsten Güter der Menschheit gerichtet war, der muß sich freuen, jene Zeit erlebt zu haben, wenn auch nicht alle Erfolge die sanguinischen[137] Hoffnungen befriedigten, wenn vieles, was diese auf der Stelle erwarteten, erst in späterer Zeit sich entwickelte, und menschliche Unvollkommenheit und Schwäche, der die Regenten gleich anderen unterworfen sind, manches Angefangene unvollendet ließ.

(Bunte Steine aus dem Sachsenlande, Bd. 4)

DREI LIEDER AUF DIE VÖLKERSCHLACHT

Daß der Ausgang der Leipziger Völkerschlacht für die Zeitgenossen tatsächlich ein tiefgreifendes nationales Erlebnis war, veranschaulicht auch die große Zahl der Lieder, die diesem Ereignis gewidmet wurden. Mit ihnen ließe sich ein eigener Band füllen. Wir beschränken uns hier auf drei Beispiele, die in ihrer Art zwar nicht die ganze Breite dieses Liedgutes zeigen können, aber andererseits doch Aufschluß geben, wie vielfältig man sich damals äußerte.

Das eingängigste unter diesen drei Beispielen ist dabei sicher das »Liedlein nach der Leipziger Schlacht« gewesen. An das bekannte Lied »Es ritten drei Reiter zum Tore hinaus« anknüpfend (übrigens die gleiche Melodie wie »Es klappert die Mühle am rauschenden Bach«), war der neu unterlegte Text für jedermann rasch und ohne Mühe sangbar. Der Verfasser ist nicht überliefert, wir wissen nur, daß das Lied Ende 1813 offenbar in Ostpreußen entstand. Bald auch weiter verbreitet, erregte es wegen seiner betont naiven Erzählweise den Unwillen der Berliner Zensurbehörde, die es als »unanständig« verbot. Das führte zu einem Streit, in dessen Verlauf die Militär-Gouvernements sogar bei dem Staatskanzler Hardenberg vorstellig wurden und sich über den Pressezwang beschwerten, der dem Patriotismus der Bevölkerung Schaden tue. Trotzdem war der letzte Entscheid, wie bei vielen anderen Beispielen derzeitiger Tagesliteratur, dann ablehnend.

Mehr ironisch, vielleicht auch eine Spur gekünstelt, wirkt dagegen »Die große Leipziger Messe« von Friedrich Christoph Förster (1791–1868). Gemeinsam mit seinem Freund Theodor Körner hatte er sich 1813 bei den Lützower Jägern eintragen lassen. Nach den Befreiungskriegen geriet er vorübergehend wegen seiner Kritik an der sich verschleppenden preußischen Verfassungsfrage in politische Schwierigkeiten, wurde später aber gleichwohl zum Hofrat ernannt und veröffentlichte viel zur preußischen Geschichte, worunter die dreibändige Darstellung der Befreiungskriege aufgrund vieler mitgeteilter Einzelheiten nach wie vor lesenswert ist. »Die große Leipziger Messe« ist aus dem Blickwinkel der Schlesischen Armee geschrieben und atmet etwas von dem – berechtigten – Triumphgefühl, das wir schon aus Gneisenaus Briefen kennen.

Und schließlich, durch Generationen hindurch bevorzugt worden ist unter all den Siegesliedern auf die Völkerschlacht immer wieder dasjenige von Ernst Moritz Arndt (1769–1860). Das liegt nicht nur daran, daß Arndt der einflußreichste Publizist der deutschen Erhebung war, sondern wohl auch an dem Ton, der angeschlagen wird. Das Lied ist ebenso monumental wie einfach (und entspricht so ganz Arndts Vorschlägen zu einem Denkmalsbau auf dem Schlachtfeld). Es nennt das Elend der Schlacht und die herben persönlichen Opfer. Aber das geschieht nicht anklagend oder rechtend, sondern, nun im Rückblick, fröhlich (»Wir singen noch fröhlich in späten Tagen …«). Mit anderen Worten, Arndt setzt in diesem Lied bewußt auf die Zukunft: Trotz aller politischen Eigensüchtelei seiner Zeit – man denke an den Wiener Kongreß –, ist er der Überzeugung, daß durch die Leipziger Schlacht die bessere Neugestaltung Deutschlands und Europas unwiderruflich in die Wege geleitet ist.

LIEDLEIN NACH DER LEIPZIGER SCHLACHT

Es ritt ein Reuter wohl aus Paris.
  Trarah!
Aus vollen Backen ins Horn er blies.
  Trarah!
Er eignete fremde Thaten sich an
Und pries nun sich selber den Thatenmann.
  Trarah! Trarah! Trarah!

Er meinte, nur ihm gehör' die Welt.
  Wie so?
Man sollte tanzen, wie's ihm gefällt.
  Wie so?
Auf Erden gebieten wollt' er allein,
Und glaubte voll Wahnwitz, Gott selber zu sein.
  Wie so? Wie so? Wie so?

Des Krieges Sichel er ruchlos wetzt,
Ei! Ei!
Des Niemens Welle[138] den Fuß ihm netzt.
Ei! Ei!
Hoch trug er die Nas', als hin er ging,
Doch bald erfroren die Nas' er hing.
Ei! Ei! Ei! Ei! Ei! Ei!

Den Seinen sagt er manch' Lügenwort.[139]
Hoho!
Und rief sie noch einmal zum Weltenmord,
Hoho!
Macht Städte, so rief er, der Erde gleich,
Ich geb einem jeden ein Königreich.
Hoho! Hoho! Hoho!

Und Preußens Blüte die Knospe sprengt.
Hurrah!
Ein jeder zur Lanze, zum Schwert sich drängt.
Hurrah!
Es dröhnte das Hurrah durch Mark und Bein,
Die Schar Alexanders stimmt mächtig mit ein:
Hurrah! Hurrah! Hurrah!

Und Schwedens Erbe flog über das Meer,
Juchhei!
Mit Gustav Adolphs rüstigem Heer,
Juchhei!
Auf Bergen, in Thälern ein Geist erwacht,
Der Frost durch die Pulse des Korsen jagt.
Juchhei! Juchhei! Juchhei!

Zwar Franz sein Töchterlein nicht vergaß,[140]
O weh!
Doch das Elend von Millionen er maß,
O weh!
Da zog er das Schwert für Freiheit und Recht,
Das gefiel dem großen Napoleon schlecht.
O weh! O weh! O weh!

Der Korse nun lügenden Frieden bot.
Umsonst!

Mit Flammen und Mord und Raub er droht!
  Umsonst!
Wohl dreimalhundert Tausend und mehr
War sein gewaltiges Kriegesheer.
  Umsonst! Umsonst! Umsonst!

Ob weit die Menge des Feindes sich dehnt,
  Hinein!
Ob wild der Rachen der Hölle gähnt,
  Hinein!
Wir fassen die Schwerter mit heiliger Hand
Mit Gott für König und Vaterland.[141]
  Hinein! Hinein! Hinein!

Der Strom des Feindes zum Durchbruch schwillt,
  Zurück!
Aus tausend Schlünden der Donner brüllt,
  Zurück!
Die Kugeln werden wie Hagel gesät,
Nach Ost und nach West sich Napoleon dreht,
  Zurück! Zurück! Zurück!

Zum Bollwerk schafft er sich Wüstenei'n.
  Halloh!
Die Nymphe der Elbe soll Schutz ihm leih'n!
  Halloh!
Doch siehe, schon lange vergebens gewarnt,
wird enger und enger das Untier umgarnt.
  Halloh! Halloh! Halloh!

Und Alexander und Wilhelm winkt
  Mit Gott!
Und Schwedens Erbe den Degen schwingt,
  Mit Gott!
Und York und Blücher mit Sturmes Macht
Beginnen die blutigste Weltenschlacht
  Mit Gott! Mit Gott! Mit Gott!

Und als nun der dritte Tag sich geneigt,
  Gottlob!
Des Feindes trotziger Donner schweigt!
  Gottlob!

Mit Zinsen zahlte der rächende Blitz
Die Schulden von Jena und Austerlitz.[142]
Gottlob! Gottlob! Gottlob!

Nun ziehen die Herrscher in Leipzig ein,
Vivat!
Sie ziehen durch jauchzender Völker Reih'n.
Vivat!
Und wem noch ein Herzen im Busen schlägt,
Der rufet, so laut es die Stimme verträgt,
Vivat! Vivat! Vivat!

(P. Czygan, Geschichte der Tagesliteratur Bd. 2, I)

DIE GROSSE LEIPZIGER MESSE[143]

Bonaparte, der große Kaiser
Wollt' einmal zur Messe reisen
Nach dem schönen Sachsenland;
Kam nach Leipzig sporenstreiches
Von der Grenze seines Reiches
Mit der großen Armee gerannt.

Am sechzehnten Oktober eben
Hatte sich dahin begeben
Blücher schon des Morgens früh.
»Wollt ihr's heut mit uns probieren,
Gute Firma tun wir führen:
Marschall Vorwärts und Kompagnie.«[144]

Es hatten sich auch eingefunden
Viele gute, alte Kunden,
Die Kosaken von dem Don:
»Wenn sie schöne Ware suchten,
Handschuh, Kantschu,[145] derb von Juchten,
Und vom Leder ziehn wir schon.«

Die Herrn Östreicher daneben,
Führten starke Ungarreben,
Haben redlich mitgepocht.

Aber wenn es kam zum Klappen,
Ließen sie sich oft ertappen,
Hatten's halt nit abgekocht.[146]

Die Schweden standen sehr von ferne,
Hätten mitgefochten gerne,
Wenn der Feldherr es erlaubt.
Er zählt die Häupter seiner Lieben,
Auch nicht einer war geblieben,
Sieh! es fehlt kein teures Haupt![147]

Drei ganzer Tag und auch drei Nächte
Währete das Schlachtgefechte,
Ringsumher Kanonenknall,
Endlich ging's an Kopf und Kragen,
Bonaparte wird geschlagen,
Blücher wurde Feldmarschall.

Die drei hohen Potentaten
Freuten sich so großer Taten
Sanken nieder auf die Knie:[148]
»Gott im Himmel hat gerichtet,
Alle Feinde sind vernichtet,
Unsre Völker schlugen sie.«

Als die Zahlwoche nun war gekommen,
Franzmann hat Reißaus genommen,
Ihm zu großem Hohn und Spott.
Der so lang en gros gehandelt,
Mit ihm hat sich's nun gewandelt,
Ist für immer bankerott.

(G. Steiner/M. Häckel, 1813. Ein Lesebuch)

DIE LEIPZIGER SCHLACHT

Wo kömmst du her in dem rothen Kleid,
Und färbst das Gras auf dem grünen Plan?[149]
Ich komme her aus dem Männerstreit,
Ich komme roth von der Ehrenbahn:
Wir haben die blutige Schlacht geschlagen,

Drob müssen die Mütter und Bräute klagen.
Da ward ich so roth.

Sag an, Gesell, und verkünde mir,
Wie hießt das Land, wo ihr schlugt die Schlacht?
Bei Leipzig trauret das Mordrevier,
Das manches Auge voll Thränen macht,
Da flogen die Kugeln wie Winterflocken,
Und Tausenden mußte der Athem stocken
Bei Leipzig der Stadt.

Wie hiessen, die zogen ins Todesfeld
Und liessen flliegende Banner aus?
Die Völker kamen der ganzen Welt
Und zogen gegen Franzosen aus,
Die Russen, die Schweden, die tapfern Preussen
Und die nach dem Kaiser von Oestreich heissen,
Die zogen all' aus.

Wem ward der Sieg in dem harten Streit?
Wer griff den Preis mit der Eisenhand?
Die Wälschen[150] hat Gott wie die Spreu zerstreut,
Die Wälschen hat Gott verweht wie den Sand,
Viel Tausende decken den grünen Rasen,
Die übrig geblieben, entflohen wie Hasen,
Napoleon mit.

Nimm Gottes Lohn, habe Dank, Gesell!
Das war ein Klang, der das Herz erfreut!
Das klang wie englische Cymbeln hell,[151]
Hab Dank der Mähr von dem blut'gen Streit!
Laß Wittwen und Bräute die Todten klagen,
Wir singen noch fröhlich in späten Tagen
Die Leipziger Schlacht.

O Leipzig, freundliche Lindenstadt,[152]
Dir ward ein leuchtendes Ehrenmal:
Solange rollet der Säkeln Rad,[153]
Solange scheinet der Sonnenstrahl,
Solange die Ströme zum Meere reisen,
Wird noch der späteste Enkel preisen
Die Leipziger Schlacht.

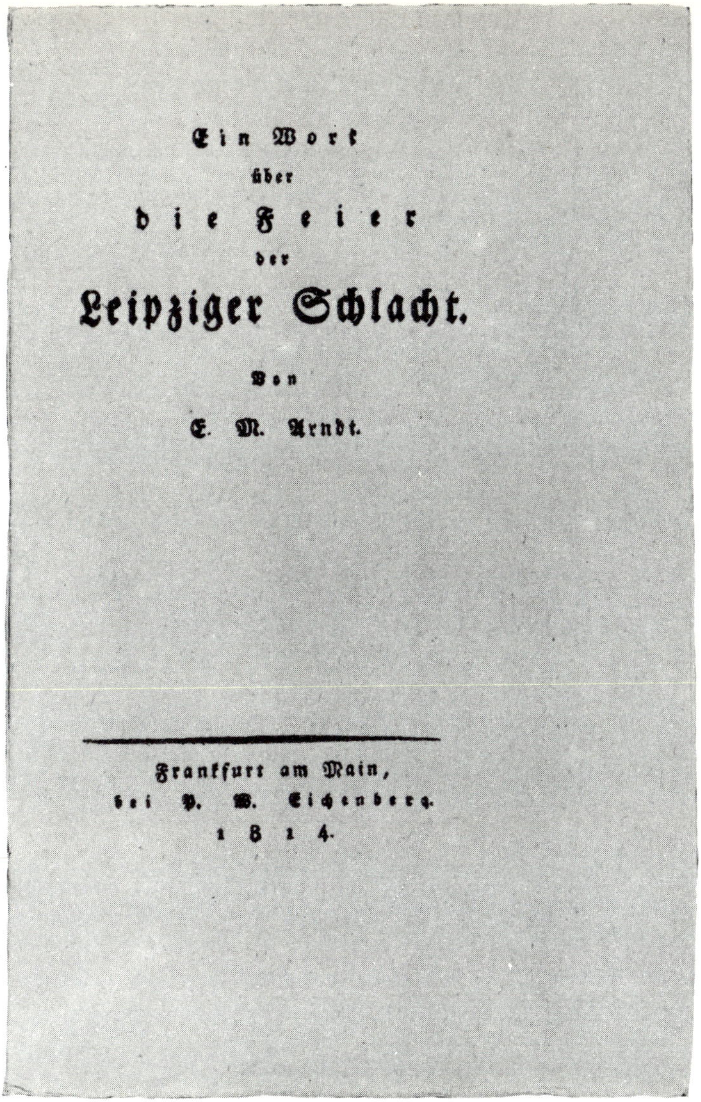

Ein Wort
über
die Feier
der
Leipziger Schlacht.

Von
E. M. Arndt.

Frankfurt am Main,
bei P. W. Eichenberg.
1814.

Die bekannte Schrift von Ernst Moritz Arndt,
in welcher der Bau eines Denkmals auf dem Leipziger
Schlachtfeld vorgeschlagen wurde

O Leipzig, gastlich versammelst du
Aus allen Enden der Völker Schaar;
Auf! ruf's dem Osten und Westen zu,
Daß Gott der Helfer der Freiheit war,
Daß Gott des Tyrannen Gewalt zerstoben,
Damit sie im Osten und Westen loben
Die Leipziger Schlacht.

(Aus: E. M. Arndt,
Ein Wort über die Feier der Leipziger Schlacht, Anhang)

ANHANG

ANMERKUNGEN

1 Liebertwolkwitz.

2 Berthier, Alexandre, Fürst von Neuchâtel (1753 bis 1815), Marschall von Frankreich; Generalstabschef Napoleons.

3 Lukas 11,14–20.

4 1631 Breitenfeld; 1632 Lützen; am 2. 5. 1813 Großgörschen.

5 Gyulai, Ignaz, Graf (1763–1831), österreichischer General.

6 Merveldt, Maximilian, Graf (1764–1815), österreichischer General.

7 Wittgenstein, Ludwig Adolf Peter, Graf (1769–1843), russischer General; Kleist von Nollendorf, Emil Ferdinand Heinrich, Graf (1762–1823), preußischer General; Klenau, Johann, Graf (1758–1819), österreichischer General.

8 Hauptkorps.

9 Colloredo-Mannsfeld, Hieronymus, Graf (1775 bis 1822), österreichischer General.

10 Bennigsen, Levin August Theophil, Graf (1745 bis 1826), russischer General, Führer der Reserve-Armee.

11 Bernadotte, Jean-Baptiste-Jules, Fürst von Pontecorvo (1764 bis 1844), Marschall von Frankreich, seit 1810 Kronprinz von Schweden; 1813 Führer der Nordarmee.

12 Kanoniere.

13 Unter Napoleon kämpfte ein polnisches Truppenkontingent; man erhoffte vom französischen Kaiser die Errichtung eines neuen Nationalstaates.

14 Am 25. September.

15 Rad mit einer Welle verbunden; Benutzung hier unklar.

16 Ein Sächsischer Scheffel (Trockenmaß) umfaßt knapp 104 Liter.

17 Einrichtung Napoleons, in der das vermögende Bürgertum Militärdienst tun sollte.

18 Ludwig XVI., französischer König, geboren 1754, während der Französischen Revolution 1793 hingerichtet.

19 Augereau, Pierre François Charles, Herzog von Castiglione (1757–1816), Marschall von Frankreich.

20 Bertrand, Henri Gratien, Graf (1773–1844), Generaladjutant Napoleons.

21 Gemeint sind die aus der Sozialarbeit des pietistischen Pfarrers August Hermann Francke (1663 bis 1727) hervorgegangenen »Franckeschen Stiftungen«, in denen u. a. auch Lehrer ausgebildet wurden.

22 Gekürzte Form des Aufrufs von Schwarzenberg an die verbündeten Heere, aus Pegau 15. Oktober 1813.

23 Lindenthal (!).

24 Kürassiere.

25 Hauptsächlich im Kampf mit der Kavallerie eingenommene Gefechtsform der Infanterie. Man bildete zum Beispiel drei Mann tief ein innen leeres Viereck, das dem Angriff mit aufgestecktem Bajonett oder Gewehrfeuer begegnete.

26 Füsilier – Infanterist, für Gefechtsweise in aufgelokkerter Form ausgebildet.

27 Kartätsche – mit Kugeln gefülltes Artilleriegeschoß.

28 Jäger (militärische Formation), bekannt durch ihre Treffsicherheit.

29 Das heißt die zweite, hintere Gefechtslinie.

30 Es handelt sich dabei um preußische (!) Kavallerie.

31 Ort in Schlesien, wo Roeder das Gymnasium besucht hatte.

32 Chirurgisches Instrument zum Zusammenpressen von Arterien, um eine Verblutung zu verhüten.

33 Fiebersenkende und entzündungshemmende Tinktur auf der Basis von Chinin.

34 August von Kotzebue (1761–1819), zu seiner Zeit der erfolgreichste Bühnenautor in Unterhaltungsstücken.

35 Der Galgenberg bei Liebertwolkwitz.

36 Kleines Fernglas, einrohrig.

37 Eliteformation körperlich kleiner Soldaten, als Scharfschützen für zerstreutes Gefecht ausgebildet.

38 Feldwebel.

39 Johannes 3,5.

40 Schützen im Plänklereinsatz.

41 Angreifen.

42 Güldengossa.

43 Eine zeitliche Verschiebung Röhrigs; der General fiel erst im Kampf um Probstheida am 18. Oktober.

44 Probstheida.

45 Silbermünzen.

46 Krautstrünke.

47 Reynier, Jean Louis Ebenezer, Graf von (1771–1814), kommandierte seit 1812 die Sachsen.

48 Groschen.

49 Soldaten, dem Fuhrpark zugeteilt.

50 Dieser Bestand dürfte schon vor der Schlacht kaum noch zugetroffen haben.

51 Begriff für die allgemeine Infanterie.

52 Der sächsische König Friedrich August I. (1750–1827) und Maria Amalia, Schwester des regierenden bayrischen Königs. – Haus und Erker sind noch vorhanden.

53 Murat, Joachim, Großherzog von Berg, König von Neapel (1767 bis 1815), Marschall von Frankreich; verheiratet mit Karoline Bonaparte; bekannt durch seine aufwendigen Phantasieuniformen.

54 Vgl. Anm. 2.

55 Lobeau – gedacht ist vermutlich an Georges Mouton, Graf von Lobau (1770–1838), Generaladjutant, doch war dieser zu jener Zeit in Dresden und wurde erst 1831 Marschall; Montholon, Charles Tristan, Graf von Lee (1783–1853), Generaladjutant; Bertrand –

nicht zu verwechseln mit dem Generaladjutanten Napoleons, der bereits die Rückzugslinie nach Weißenfels deckte, sondern wahrscheinlich Leipzigs Kommandant gleichen Namens, der aber in der Stadt verblieb und auf dem Markt gefangen wurde.

56 »Lebt wohl, Sachsen, schützt euren König gut!«

57 Nach anderer Überlieferung befragte er Graf Armand Augustin Louis Caulaincourt (1773–1827), Herzog von Vicenza und Großstallmeister des Kaisers, der gebrochen deutsch sprach.

58 Letzteres trifft zu.

59 Kanonenkugeln.

60 Das Laden der Büchse war langwierig, auch fehlte ihr das Bajonett für den Nahkampf.

61 Durch die Rückstände vom Pulverdampf.

62 Lateinisch: »schrecklich zu sagen«.

63 Jüdische Händler.

64 Die französische Regimentsfahne zeigte an der Spitze den Adler.

65 Am 10. 03. 1813 gestifteter preußischer Orden in verschiedenen Klassen.

66 Pferderasse.

67 Napoleondor – französische Goldmünze.

68 Vgl. Anm. 47.

69 Das heißt »Ritter des Eisernen Kreuzes«.

70 Bleikugel und Pulver wurden mit einem Papier zur Patrone eingebunden.

71 Fälschlich für: Wiederitzsch (1813 mundartlich: Wetteritzsch), auf einem Hörfehler Gneisenaus oder einem Lesefehler des Erstherausgebers beruhend.

72 D. h. die Schlesische Armee unter Gebhard Leberecht von Blücher, Fürst von Wahlstatt (1742–1819), preußischer General und seit dem Sieg in der Leipziger Schlacht Feldmarschall.

73 Marmont, Auguste Frédéric Louis de, Herzog von Ragusa (1774–1852), Marschall von Frankreich.

74 Vgl. Anm. 13.

75 Das russische Korps Langeron kämpfte links neben dem – nur aus preußischen Truppen bestehenden –

Yorckschen Korps und versuchte die Einnahme der Dörfer Klein- und Großwiederitzsch. Nach zäher Verteidigung, u. a. durch die polnische Division Dombrowski, gelang die endgültige Eroberung schließlich abends. Der russische Verlust betrug etwa 1500 Tote und Verwundete.

76 Gneisenaus ältester Sohn, geb. 1798.

77 Ergänze: Monats; gemeint ist der im Zuge des Rechtsabmarsches durch das Yorcksche Korps erkämpfte Elbübergang bei Wartenberg.

78 Das heißt die Schlesische Armee.

79 Yorck von Wartenburg, Johann David Ludwig, Graf (1759–1830), preußischer General; die von ihm mit dem russischen General Diebitsch am 30. 12. 1812 abgeschlossene Konvention von Tauroggen leitete den deutschen Befreiungskampf ein.

80 Über Schkeuditz nach Merseburg.

81 Von seinem Hauptquartier Rötha kommend, zog Franz I. von Österreich (1768–1835) erst später und separat ein.

82 Clausewitz, Karl von (1780–1831), der bekannte preußische Reformer und Militärschriftsteller. Nachstehende Notiz war auf einem kleinen Zettel beigefügt.

83 Der Artikel erschien unter dem umfassenderen Titel »Französische Menschlichkeit«.

84 Vacha in der Rhön.

85 Vgl. Anm. 53.

86 Der Armeebericht vom 24. Oktober verkleinerte die Leistungen der Verbündeten und äußerte sich nur sehr umwunden über die erlittene Niederlage.

87 Nachdem Murat, um sein Königreich zur retten, Januar 1814 zu den Verbündeten übergegangen war, unterstellte man ihm nachträglich teilweise schon seit der Leipziger Schlacht Verrat.

88 Freilager.

89 Die Kosaken bildeten gewöhnlich die Vorausabteilung. Durch Überraschungsangriffe ihrer kleinen Reitertrupps waren sie seit dem Rückzug aus Rußland

der Schrecken der Franzosen. Dort entging auch Napoleon der Gefangennahme durch Kosaken nur knapp.

90 Von Napoleon 1802 gestifteter Orden in mehreren Klassen.

91 Abführmittel.

92 Karl von Roeder, Offizier im Yorckschen Hauptquartier: »Einen grauenhaften Anblick gewährten die verlassenen Biwaks der Franzosen, in deren Reihen das Nervenfieber wütete, mit ihren zahlreichen Kranken, Sterbenden, Toten. Es geschah von uns, was irgend möglich war, für die unglücklichen Franzosen, aber Zeit und Mittel reichten oft nicht aus, und die Einwohner teilten vielfach nicht unser Mitgefühl und unterstützten uns dabei nur gezwungen.«, in: M. Schultze, Standhaft und treu, S. 197.

93 Im Zusammenhang der preußischen Rüstungen im Frühjahr 1813 wurde das Land in vier Militär-Gouvernements aufgeteilt: zwischen Elbe und Oder (Sitz in Berlin), Schlesien (Breslau), Pommern (Stargard), Ostpreußen (Königsberg).

94 Das nachstehende Extrablatt.

95 Das Lied »Heil dir im Siegerkranz, / Herrscher des Vaterlands! / Heil, König dir! / ...« entsprach der Funktion einer Nationalhymne.

96 Thile, Ludwig Gustav von (1781–1852), vortragender Adjutant bei Friedrich Wilhelm III.

97 Augereau, Pierre François Charles, Herzog von Castiglione (1756–1816), Marschall von Frankreich, entkam. Poniatowski, Józef Fürst (1763–1813), polnischer General und während der Schlacht zum Marschall von Frankreich befördert, ertrank, bereits verwundet, beim Überqueren der Elster.

98 D. h. mit Lanzen ausgestattete Ulanen (Lanciers) vom Regiment »Prinz Clemens«.

99 Hier: verbündete.

100 Der Sturm war ebenfalls am 19. Oktober erfolgt!

101 Etienne Jacques Joseph Alexandre Macdonald, Herzog von Tarent (1765–1840), Marschall von Frank-

reich, und Graf Joseph Souham (1760–1837), Divisionsgeneral, konnten entkommen, letzterer verwundet.

102 Schönfeld – Schönefeld; Delitz – Dölitz; Pfaffendorf – nun Vorwerk und mit großem Lazarett, das am 19. Oktober bei voller Belegung abbrannte; Kohlgärten – vor der Ostvorstadt; Straßendörfer – Siedlung an der Straße nach Grimma.

103 Noch im Juni hatte er, zuletzt veranlaßt durch eine Sympathiekundgebung von Leipzigern für die Lützower Jäger, über die Stadt den Belagerungszustand verhängt.

104 Die respektvolle Anrede »Sie« gegenüber den Eltern war zu Beginn des 19. Jahrhunderts weithin üblich.

105 Wahrscheinlich Anspielung auf die französischen Ausschreitungen in Weimar.

106 Vermutlich am Südostende des heutigen Neumarktes gelegen.

107 D. h. sah aus »wie ein vollkommenes Schlachtfeld«. Die schweren Kämpfe hatten bei der Eroberung der Vorstädte und der Tore stattgefunden.

108 Erinnert ist an den sich chaotisch gestaltenden Übergang der Napoleonischen Streitkräfte über die Beresina während des Rückzuges aus Rußland 1812. Zahllose Menschen kamen dabei um, und die Ordnung der Großen Armee brach vollends zusammen.

109 Diese weibliche Schwärmerei für den Kronprinzen war damals in Leipzig kein Einzelfall.

110 Vgl. Anm. 53.

111 Er wurde am 23. 10. 1813 unter russischer Bedeckung nach Berlin gebracht.

112 Vielleicht Sohn August, geb. 1804.

113 Fritz und Emilie – nicht aufklärbar.

114 Die befreundete Familie Asverus; Blanke – Zaun.

115 Psalm 34,4+5 war ausdrücklich verfügter Predigttext zu diesem Dankfest.

116 Schlacht bei Breitenfeld 1631 (!) am 17., nach älterer – julianischer – Kalenderangabe am 7. September.

117 Gustav II. Adolf, König von Schweden (1594–1632).

118 Tilly, Johann Tserklaes, Graf von (1559–1632), Feldherr der Katholischen Liga.

119 Psalm 94,12–15 war Predigttext anläßlich des »Dankfestes nach den Siegen, welche die Mark und Schlesien von dem Feinde befreiten«, gehalten am 12. September 1813.

120 Die spezielle Kollekte für die Verwundeten wurde bei allen Siegesfeiern des Krieges durchgeführt. Man sammelte am Kirchenausgang oder, wie in Zossen, beim Umgang um den Altar.

121 Vgl. Matthäus 25,40.

122 Großgörschen am 2. Mai.

123 Breshafte, d. h. Kranke.

124 Angesprochen ist das große Sterben auf dem Rückzug aus Rußland 1812.

125 Der Kannibalismus ist mehrfach behauptet worden, bzw. war 1813 auch schon hinsichtlich des Rückzuges aus Rußland zu hören gewesen.

126 Der Bericht ist in Briefform verfaßt, daher die persönliche Anrede.

127 Der heutige Alte Johannisfriedhof.

128 Unter anderem versuchten die Verbündeten eine Dezentralisation von Verwundeten in benachbarte Orte.

129 Spätere Forschung weist etwas mehr als 50 Lazarette nach.

130 Mit dieser Bitte hatte sich der Rat der Stadt am 29. Oktober an die Bevölkerung gewandt.

131 Hier: Tierkadaver.

132 Vater, Karl Gottlieb (1762–1850), seit 1787 Pfarrer von Seifertshain

133 Sie waren infolge der Kampfhandlungen geflohen.

134 Die Familie war zunächst in Albrechtshain, dann in Grimma untergekommen.

135 Sonntägliche Leckerbissen.

136 Es hatte sich ein Hilfsverein gebildet, der die in England, der Schweiz und auch in deutschen Orten gesammelten Gelder verteilte; gezielt wurden z. B. auch Kinder versorgt, die durch den Typhus Halb- oder Vollwaisen geworden waren.

137 Hier: hochgestimmte.

138 Der Njemen war russischer Grenzfluß.

139 Besonders das empörende Bulletin vom 3. Dezember 1812, das die Katastrophe in Rußland verharmloste.

140 Kaiser Franz von Österreich war Schwiegervater Napoleons.

141 Die von Friedrich Wilhelm III. der preußischen Landwehr gegebene Devise; sie war in dem Kreuz an der Uniformmütze zu lesen und wurde bald zum geflügelten Wort im nationalen Befreiungskampf.

142 Am 2. Dezember 1805 unterlag bei Austerlitz die österreichisch-russische, am 14. Oktober 1806 bei Jena (und Auerstädt) die preußische Armee Napoleon.

143 Melodie »Prinz Eugenius, der edle Ritter«; Eugen von Savoyen, Prinz (1663–1736), Feldherr, der habsburgische und deutsche Truppenkontingente erfolgreich im Kampf gegen die Franzosen und Türken führte.

144 Dieser Ehrenname wurde Blücher von russischen Truppen verliehen, und zwar entweder am 16. Oktober oder dann am 19. Oktober beim Sturm auf das Hallische Tor.

145 Russische Lederpeitsche.

146 Anspielung wohl vor allem auf den unentschiedenen Ausgang am 16. Oktober bei Wachau und die matten Kämpfe bei Lindenau, die praktisch den Franzosen die Flucht ermöglichten.

147 »Er zählt...«, Zitat aus Schiller, »Die Glocke«; der Kronprinz mußte aus innenpolitischen Gründen Verluste möglichst vermeiden. Schon bei den Berlinern lief nach Großbeeren und Dennewitz deshalb als Parodie um: »Er zählt die Häupter seiner Lieben, und sieh, es fehlten ihm nur sieben.«

148 Dieses schon bald nach der Schlacht berichtete Ereignis, auch als Flugblatt verbreitet, hat es in Wirklichkeit nicht gegeben, es fand aber überall gern Glauben.

149 Das einsetzende Zwiegespräch ist angelehnt an Jesaja 63, 1+2. Arndt hatte eine vorzügliche Kenntnis des Alten Testaments und benutzte in seinen Flugschriften oft das eindrückliche Deutsch der Lutherbibel.

150 Welsch – romanisch, d. h. besonders französisch oder italienisch, sprechend; hier ist – in nationaler Abgrenzung – hauptsächlich an die Franzosen gedacht.

151 Der Vergleich denkt an Engel, die auf einem Glockenspiel musizieren, das aus Cymbeln zusammengesetzt ist.

152 Lipa – slawisch: Linde; Leipzig – Lindenstadt.

153 Das heißt »rollt der Jahrhunderte Rad«; von lateinisch: saeculum – Jahrhundert.

LITERATUR

Arndt, Ernst Moritz: Werke. Auswahl in 12 Teilen, Berlin 1912

Beitzke, Heinrich: Geschichte der Deutschen Freiheitskriege in den Jahren 1813 und 1814, Bd. 2, Berlin ^{3}1864 u. ö.

Bibliographie zur Geschichte der Stadt Leipzig, 2 Bde. und Register, Weimar 1971, 1975 und 1977

Börner, Karl-Heinz: Völkerschlacht bei Leipzig 1813, Berlin 1984, ^{2}1988 (= Illustrierte historische Hefte 32)

Bunte Bilder aus dem Sachsenlande, Bd. 4, Dresden 1927

Czygan, Paul: Zur Geschichte der Tagesliteratur während der Freiheitskriege, 2 Bde., Leipzig 1909–1911

Dapp, Raymund (Hrsg.): Magazin für Prediger auf dem Lande und in kleinen Städten, Bd. 7, Berlin und Stettin 1815

Ditfurth, Franz Wilhelm von (Hrsg.): Die historischen Volkslieder der Freiheitskriege. Aus fliegenden Blättern, handschriftlichen Quellen und dem Volksmunde, Berlin 1871

Griewank, Karl (Hrsg.): Gneisenau. Ein Leben in Briefen, Leipzig ^{3}1939

Große, Karl: Geschichte der Stadt Leipzig von der ältesten bis auf die neueste Zeit, Bd. 2, II, Leipzig 1898 (= Nachdruck der Ausgabe von 1842)

Helmert, Heinz/Usczeck, Hansjürgen: Europäische Befreiungskriege 1808 bis 1814/15. Militärischer Verlauf, Berlin 1976

Henningsen, Nicolaus (Hrsg.): Aus den Kriegsjahren 1806 bis 1813. Erlebnisse des sächsischen Landpredigers Ludwig Schlosser, Cöln am Rhein o. J. (= Schaffsteins Grüne Bändchen 5)

Henningsen, Nicolaus (Hrsg.): Unter Blücher nach Frankreich hinein 1814. Erinnerungen eines Mitkämpfers, des nachmaligen Schullehrers in der Stadt Brandenburg Johann Karl Hechel, Cöln am Rhein o. J. (=Schaffsteins Grüne Bändchen 34)

Hußell, L.: Leipzig während der Schreckenstage der Schlacht im Monat Oktober 1813 als Beytrag zur Chronik dieser Stadt. Nebst einem authentischen Berichte über die mündlichen Unterhaltungen des Kaisers Napoleon, und das, was sich während seines Aufenthaltes in dem Hause zutrug, worin er vom 14. bis 18. Oktober, eine halbe Stunde von Leipzig, sein Hauptquartier hatte, Leipzig 1896 (= Neudruck der Ausgabe von 1813 mit einem Stadtplan von 1814)

Leipzig 1813. Die Völkerschlacht im nationalen Befreiungskampf des deutschen Volkes, Leipzig 1953 (= Leipziger stadtgeschichtliche Forschungen 3)

Leipziger Kalender. Illustriertes Jahrbuch und Chronik, Leipzig 1904–1914, 1925 und 1938

Naumann, Robert (Hrsg.): Die Völkerschlacht bei Leipzig. Nebst Nachrichten von Zeitgenossen und Augenzeugen über dieselbe, Leipzig 1863

Das neue Deutschland, Berlin 1813/14. Nachdruck, mit einer Einleitung von Fritz Lange, Berlin 1953

Pflugk-Harttung, Julius von: Das Befreiungsjahr 1813. Aus den Akten des Geheimen Staatsarchivs, Berlin 1913.

Rehtwisch, Theodor (Hrsg.): Aus dem Tagebuch eines Freiwilligen. Bilder aus den Jahren 1813 und 1814, Leipzig 1910 (= Aus vergilbten Pergamenten. Eine Folge von Tagebuchblättern, Briefen und Berichten der Napoleonischen Epoche 3)

Rochlitz, Friedrich: Tage der Gefahr. Ein Tagebuch der Leipziger Schlacht, Leipzig o. J. (Insel-Bücherei Nr. 17)

Röhrig, Karl (Hrsg.): Unter der Fahne des ersten Napoleon. Jugendgeschichte des Hunsrücker Dorfschullehrers Johann Jakob Röhrig, von ihm selbst erzählt, Altenburg 1906

Schultze, Maximilian (Hrsg.): Standhaft und treu. Karl von Roeder und seine Brüder in Preußens Kämpfen 1806–1815. Auf Grund hinterlassener Aufzeichnungen, Berlin 1912

Schulze, Friedrich (Hrsg.): 1813 bis 1815. Die deutschen Befreiungskriege in zeitgenössischer Schilderung, Leipzig 1912

Schulze, Friedrich: Die deutsche Napoleon-Karikatur, Weimar 1916

Schulze, Friedrich (Hrsg.): Urkunden der Deutschen Erhebung. Originalwiedergabe in Faksimiledrucken der wichtigsten Aufrufe, Erlasse, Flugschriften, Lieder und Zeitungsnummern. Als Ergänzung aller Erinnerungsschriften, Leipzig 1913

Steiner, Gerhard/Häckel, Manfred (Hrsg.): 1813. Ein Lesebuch für unsere Zeit, Weimar 1953

Die Völkerschlacht bei Leipzig. Eine bibliographische Übersicht, bearbeitet von Gerhard Loh, Leipzig 1963

Wustmann, Gustav: Bilderbuch aus der Geschichte der Stadt Leipzig, Leipzig 1897

Wustmann, Gustav: C. G. H. Geißler, der Zeichner der Leipziger Völkerschlacht, Leipzig 1912

ABBILDUNGS- UND FOTONACHWEIS

Die vollständigen Angaben zu den Nachweisen sind dem voranstehenden Literaturverzeichnis zu entnehmen. Die Zahlen am linken Rand beziehen sich auf die Seitenzahlen dieses Buches.

8, 9 Der Herbstfeldzug in Deutschland 1813
Nach: H. Helmert/H. Usczeck, Europäische Befreiungskriege, S. 273

12 Die Kämpfe südlich von Leipzig am 16. Oktober 1813
Nach: H. Helmert/H. Usczeck, Europäische Befreiungskriege, S. 297

13 Die Kämpfe nördlich von Leipzig am 16. Oktober 1813
Nach: H. Helmert/H. Usczeck, Europäische Befreiungskriege, S. 297

15 Die Kämpfe um Leipzig am 18. Oktober 1813
Nach: H. Helmert/H. Usczeck, Europäische Befreiungskriege, S. 298

34, 35 Das Reitergefecht bei Liebertwolkwitz am 14. Oktober 1813. Gemälde von E. W. Straßberger (1796–1866)
Museum für Geschichte der Stadt Leipzig

48 Lazarettbaracke in der Umgegend von Leipzig. Federzeichnung von E. W. Straßberger
Aus: Leipzig 1813, Abb. 40 (nach S. 184)

70, 71 Die drei verbündeten Monarchen auf dem Hügel bei Wachau am 18. Oktober 1813. Handkolorierter Stich
Aus: Leipziger Kalender 1938, Tafel nach S. 160

76 Der rheinische Courier verliert auf der Heimreise

von der Leipziger Messe nach Paris alles. Zeitgenössische Karikatur
Aus: Leipzig 1813, Abb. 46 vor 185

101 Napoleon als Nußknacker. Zeitgenössische Karikatur
Aus: F. Schulze, 1813 bis 1815, Tafel nach S. 192

102 Französische Infanterie treibt requiriertes Vieh bei Paunsdorf vorüber. Stich von C. G. H. Geißler
Aus: G. Wustmann, C. G. H. Geißler, S. 71

103 Französische Verwundete aus dem Reitergefecht bei Liebertwolkwitz am 14. Oktober 1813 in Leipzig. Stich von C. G. H. Geißler (1770–1844)
Aus: G. Wustmann, Bilderbuch, S. 155

104 Napoleon (sitzend) im Biwak neben dem Galgen der Stadt Leipzig am 14. Oktober 1813
Aus: Leipziger Kalender 1913, S. 51

105 Napoleons Flucht aus Leipzig am 19. Oktober 1813. Stich von C. G. H. Geißler
Aus: G. Wustmann, C. G. H. Geißler, S. 79

106 Der Kampf vor dem Inneren Peterstor am 19. Oktober 1813. Stich von C. G. H. Geißler
Aus: Leipziger Kalender 1913, S. 75

107 Poniatowskis Tod in der Weißen Elster am 19. Oktober 1813. Zeitgenössischer Stich
Aus: G. Wustmann, Bilderbuch, S. 157

108 Der Einzug der Verbündeten durch das Innere Grimmaische Tor am 19. Oktober 1813. Stich nach Vorlage von C. G. H. Geißler
Aus: K. Große, Geschichte der Stadt Leipzig, 2, II, Tafel nach S. 480

109 Die Siegesfeier der Verbündeten auf dem Markt am 19. Oktober 1813. Stich nach Vorlage von C. G. H. Geißler
Aus: K. Große, Geschichte der Stadt Leipzig, 2, II, Tafel nach S. 496

110 Vor dem Äußeren Ranstädter Tor, dem Rückzugsweg der französischen Armee, am 20. Oktober 1813. Stich nach Vorlage von C. G. H. Geißler

Aus: K. Große, Geschichte der Stadt Leipzig, 2, II, Tafel nach S. 560
111 Vor dem Äußeren Hallischen Tor (Gerbertor) am 20. Oktober 1813. Stich nach Vorlage von C. G. H. Geißler
Aus: K. Große, Geschichte der Stadt Leipzig, 2, II, Tafel nach S. 544
112 Vor dem Äußeren Grimmaischen Tor am 20. Oktober 1813. Stich nach Vorlage von C. G. H. Geißler
Aus: K. Große, Geschichte der Stadt Leipzig, 2, II, Tafel nach S. 528
113 Nach der Schlacht auf dem Johanniskirchhof, Federzeichnung von E. W. Straßberger
Aus: Leipziger Kalender 1914, S. 75
114 Französische Verwundete in der Erbbegräbnissen (den „Schwibbögen") des Johannisfriedhofes
Aus: Leipziger Kalender 1914, S. 79
115 Möckern im Jahre 1814. Stich von Johann Jakob Wagner (1766–1834)
Aus: F. Schulze, 1813 bis 1815, Tafel 31 nach S. 144
116, 117 Aus dem Sterberegister des Dorfes Stötteritz
Sterbebuch der Evangelisch-Lutherischen Kirchgemeinde St. Marien in Leipzig-Stötteritz, S. 61
118 Schönefeld im Jahre 1814. Stich von J. J. Wagner
Aus: F. Schulze, 1813 bis 1815, Tafel 32 vor S. 145
119 Entwurf zu einem Denkmal der Schlacht bei Leipzig. 1814. Von Friedrich Weinbrenner (1766 bis 1826). Lithographie
Aus: G. Wustmann, Bilderbuch, S. 163
120 Der Leipziger Lerchenspieß. Karikatur von C. G. H. Geißler (?)
Aus: Leipzig 1813, Abb. 43 vor S. 185
121 Die Leipziger Barbierstube. Karikatur von C. G. H. Geißler (?)
Aus: F. Schulze, 1813 bis 1815, Tafel 39 vor S. 173
122 „Das ist mein lieber Sohn, an dem ich Wohlgefallen habe." Zeitgenössische Karikatur auf Napoleon
Aus: F. Schulze, 1813 bis 1815, Tafel 2
123 Wahre Abbildung des Eroberers. Flugblatt

Aus: F. Schulze, Napoleon-Karikatur, S. V

124 Die Völkerschlacht bei Leipzig am 18. und 19. Oktober 1813. Handkoloriertes Kärtchen nach einem Entwurf von Carl von Neander. 1813.
Aus: F. Schulze, 1813 bis 1815, Tafel nach S. 160

127 (Leipziger Drangsale...) Eine zeitgenössische Flugschrift
Aus: F. Schulze, Urkunden der Deutschen Erhebung, Nr. 25

161 Die bekannte Schrift von Ernst Moritz Arndt, in welcher der Bau eines Denkmals auf dem Leipziger Schlachtfeld vorgeschlagen wurde

Vorsatz vorn: Karte des Leipziger Landes, gezeichnet 1817 von Friedrich Aster (Ausschnitt)
Staatsarchiv Dresden, KA V, Nr. 65b

Vorsatz hinten: Plan der Stadt Leipzig aus dem Jahre 1814
Aus: L. Hußell, Leipzig während der Schreckenstage, Beilage

Für die Anfertigung der Reproduktionsfotos danken Herausgeber und Verlag Frau Ingrid Hänse, Frau Sigrid Herre und Herrn Volkmar Herre. Die Nachzeichnung der Karten übernahm Herr Hans-Ulrich Herold.

INHALT

Die Völkerschlacht bei Leipzig :
in zeitgenössischen Berichten /
zu einem Lesebuch zusammengestellt
und erläutert von Gerhard Graf. –
Leipzig : Koehler & Amelang, 1988. –
183 S. : 35 Abb. (z. T.Farb.)
ISBN 3-7338-0090-7

Lizenznummer 295/275/3004/88 · D 192/87 · LSV 0266
Printed in the German Democratic Republic
Satzherstellung: Druckerei Neues Deutschland, Berlin
Reproduktion und Druck:
Graphischer Betrieb Jütte, Leipzig
Einband: Buchbinderei Südwest, Leipzig
Gesamtgestaltung: Hans-Joachim Walch
698 370 0
01380